精神科医が教える60歳からの人生を楽しむ忘れる力

接下來，只記得快樂的事

讓心靈重獲自由的5個內在練習，活出理想的第二人生

保坂隆——著
高秋雅——譯

高寶書版集團

前言

那些能享受當下的人，擁有「遺忘的力量」

以時下社會的風潮來看，遺忘往往被認為是件不好的事情。許多人因為自己變得健忘而產生「我是不是得了失智症？」的焦慮，家人也常對長輩的健忘擔憂不已，例如：「爸爸，你最近常常忘東忘西，是不是得了失智症？」甚至連偶爾小小的健忘，也會被家人提醒「不要再忘記了喔」。人們似乎無法輕鬆地接受遺忘，或許是因為我們對於完美總有種不自覺的追求。

隨著年齡增長，偶爾健忘是很正常的事。如果真的需要，可以使用手機查詢，或者向他人請教，這樣就足夠了。我們更應該注重的是如何活得充實，而不是一味擔心自己是否會罹患失智症。希望大家能深思這一點。

記憶力好並不一定是件好事。

記著過去那些瑣碎的小事，其實有時反而讓人困擾。

我認識一對七十多歲的姊妹。有一天，姊姊突然哀怨地說：「某某先生的父親去世時，我們家送了香典，可是我們的爸爸過世時，他們卻沒來弔唁。」妹妹完全不記得了，因為父親去世已經是十年前的事，而某某先生的父親過世則更早些。即便姊姊說的是事實，妹妹也認為提起那麼久遠的香典之事已經沒有意義。但她知道，如果說出這樣的想法，很可能會與姊姊起爭執，因此只能笑著敷衍：「有這件事？」並在心裡感嘆道：「記性太好真是件麻煩事。」

你是不是也有一些討厭的經歷或遺憾無法釋懷呢？

這位姊姊並不是一直對某某先生家沒來弔唁的事耿耿於懷，她可能是在生活中遇到一些不愉快的事，觸發這段回憶而忍不住發牢騷。人的大腦儲存了很多不重要的記憶，平時這些記憶不會影響生活，但某些情境或物品會喚起它們，擾亂內心。有位男性小學時曾遭受霸凌，但他早已克服並忘記了。然而，當他在職場遭遇霸凌時，小學的那段經歷卻又再次浮現，即使當前的情況完全不同，他仍覺得自己渺小而毫無價值。明明現在的他已經有足夠的力量對抗，卻不由自主地回到當年的脆弱狀態。

我們每個人多多少少都受困於自己的過去。

不僅是那些不愉快的回憶，連過去的成功也可能阻礙我們前進。沉溺於過去的成功經驗，可能使人無法接受新的挑戰，或是因為過於自傲而在人際關係中遇到瓶頸。

無論是好的記憶還是不好的記憶，它們都是你人生的一部分，雖然重要，但過度執著就無法前行。試著察覺自己是否被記憶或負面情緒所束縛。

或許是時候該放下這些記憶了吧？反覆回憶過去，「那時候我怎麼樣、做了什麼」會讓身邊的人感到厭煩。將回憶留給那些美好的時刻就好。

許多中老年人開始想要「斷捨離」家中的雜物，因為家裡堆滿了不再使用的東西。大腦也同樣堆積了許多不再需要的記憶。請各位想像一下，腦細胞每年都在逐漸減少，如果被無用的記憶佔據，就難以接納新事物。如今進入百歲人生的時代，人生仍然是短暫的。人們常說，年紀大了，時間也過得越來越快。因此，我希望大家能夠珍惜當下這一刻，不要被過去或未來的煩憂牽絆。讓我們一起思考如何做到這一點。

這是黎巴嫩詩人紀伯倫〈關於死亡〉詩作中的片段：

在你的希望與願望的深處，
藏有關於遠方的無聲智慧。

如同在雪下做夢的種子，
你的心也夢著春天。
相信你的夢想，
因為夢中正隱藏著通往永恆之門。

我想，我們每個人的內心深處，都埋藏著夢想的種子。活過半個世紀後，知識在我們的內心如塵埃般積聚，世俗的顧慮、虛榮、妥協，還有根深蒂固的情感，築成厚重的心牆，讓我們難以找到自己內在的種子。而打破這面心牆的方法，就是學會遺忘。讓該忘記的事物隨風而去，找回你心中那真實的自我。

本書正是為了探討這樣的方法而寫的。

第1章

讓心輕盈
忘卻心中的牽絆

試著徹底放下那些該忘記的事物。

第2章

如何釋放陰鬱思緒

不讓美好或痛苦的回憶成為包袱

第3章

去除無謂的事物
讓心靈疲憊的，往往是我們自己

第4章

跳脫「應該如何」的束縛

答案絕不只有一種

第5章 讓浮現於腦海的事物隨之流逝

重要的是，全心全意地活在每一個當下

第 1 章

讓心輕盈

忘卻心中的牽絆

試著徹底放下那些該忘記的事物。如果一直停留在過去，我們便難以前行

生活中，什麼樣的人能更快振作起來呢？

每個人都有不同的個性，那些「能輕鬆放下」的人，往往重整旗鼓的速度會更快些。人們大致可分為兩種：一種是記憶力驚人，甚至連細枝末節都銘記在心，另一種則是對於過去的事情毫不留戀，哪怕再重要也能輕易釋懷，讓人驚訝「怎麼連這種事都能忘？」

有些人即便步入中年，仍對學生時代的點滴記憶猶新：「我那時候把書借給某人，他到現在都沒還我，書名我都還記得！」然而，也有一些人完全

記不清這些往事：「我有借過書嗎？完全沒印象耶。」

那麼，你覺得自己更接近哪一種人呢？

我們的大腦容量因人而異，那些經常執著於過去記憶的人，往往也比較容易放不下。若是過於執著，或許會因此難以迎接眼前的新挑戰。

人是會遺忘的動物，記住很多事情，同時也會忘掉許多。可以說，我們正是在記住與遺忘之間，逐漸塑造出自己的模樣。那些可以遺忘的事，就讓它們隨時間淡去吧。你的周遭世界正不斷地改變著，盡情享受這些變化，並記住新的經驗才是重要的。

當然，有些記憶並不是那麼容易忘掉，這些記憶往往帶有某種揪心的感覺，甚至可能成為消磨你活力的來源。記憶與心靈密切相連，雖然一切都是大腦的作用，但心靈與情感交織，而情感最容易在大腦中留下痕跡。

正如前面提到的，那些記得「對方沒還書」的人，可能是因為對未還書的那人產生了負面情緒，這種情緒使得這段記憶深深留存下來。

容易遺忘的人並不是沒有感情，只是當下的情緒隨時而變，或許當時也曾有過負面情緒，但因為健忘，連這些負面情緒也一併忘掉了。有些人天生就擅長「放下」。

人的情緒微妙而難纏。長時間抱懷憤怒、嫉妒、厭惡等情緒，只會讓自己的人生變得無趣乏味。為了更輕鬆地忘卻那些煩人的記憶，我們要學會與情緒和諧相處。

適當地放下與接納，是節省心靈能量的訣竅

將情感與事實分開，才能成爲「擅長放下」的人

我在〈前言〉提到一對姊妹的故事，姊姊抱怨說：「當初某人的父親過世時，我們送了香典，但我們的爸爸去世時，他們卻沒來弔唁。」後來，妹妹與我分享了這段故事的後續。

原來，那位沒來弔唁的E是姊姊的同學。雖然兩人並不算親密，但妹妹提到，姊姊似乎一直把E當成競爭對象。後來姊姊聽說E要參選市議會議員，可能因此勾起了她心中的不快情緒，讓過去的記憶再次浮上心頭。

至於姊姊和E之間曾經有什麼過節，妹妹也並不清楚。也許是E事業有

成的消息，讓姊姊不自覺地回想起那些往事吧。

我們的情感往往與不愉快的記憶緊密相連。

某位男性在中學時，曾因被冤枉而遭老師嚴厲斥責，不僅無法為自己辯解，還因此留下深刻的委屈。自那以後，他開始對老師產生不信任，態度也逐漸變得叛逆。

如今他已經三十多歲，生活穩定，工作平順，但依然對學校懷有抗拒之情。他說：「我準備要結婚了，將來如果有了孩子，我恐怕很難跟學校溝通。」

這種情感與記憶糾結在一起的狀態，被稱為「融合（fusion）」。

這股負面情緒，使他把自己對那位老師的不滿延伸至整個教師群體，甚至連未出生的孩子的學校生活，也成了他的煩惱。不過，稍微停下來想想，這時最好的方法，就是試著將情感與事實分開來看。

這位男性僅因年輕時遇到一位令人不滿的老師，就認定「所有老師都不值得信任」。然而，世上有好人也有壞人，自然也有合得來和合不來的人。

我們常常因為一次負面的情緒而對整體下定論。但隨著成長，我們逐漸學會從多角度看待事物，這正是成熟的標誌之一。

我問這位對教師失去信任的男性：「你曾經叛逆過，是什麼讓現在的你能好好工作呢？」他回答道：「因為我的父母始終選擇相信我。」

我對他說：「那麼，在你成為父親後，也可以選擇做一位信任孩子的家長，不是嗎？」他的表情瞬間明亮起來，回應：「對啊！這就是重點呢。」

這種將情感與事實分開的思考方式，稱為「脫鉤（defusion）」。當我們仔細分解那些被情緒包裹的記憶，真實便會慢慢浮現。

老師之中也有各種不同的人。當年老師對他存疑，但父母卻始終選擇相信他。雖然曾因叛逆而與父母對立，但最終幫助他重新站起來的，正是父母的支持。回歸事實來看，他發現自己的中學時期不僅只有負面情緒，還有不少溫暖的回憶。

試著將自己的情感與事實分開來看吧。若心靈被怨恨捆綁，便難以向前邁進。

若總是被無關緊要的情緒淹沒，真正重要的事物就會逐漸模糊不清

感到極度不安時，不妨回顧一下自己的所作所爲

在負面情緒和事實交織難分時，可以試著換個角度，以「俯瞰的視角」審視自己。將自己從情緒中抽離，客觀地觀察「我此刻究竟在想些什麼」。

舉個例子，自營業者H女士常常羨慕住在附近的同學們，覺得她們的丈夫有豐厚的年金，無需工作便能過上悠閒的生活，隨心所欲地享受豪華午餐和旅行。

有時候，她會覺得馬不停蹄地工作的自己，有些淒涼無助。這種嫉妒的情緒一浮現，對未來的憂慮便隨之湧出。

「假如哪天身體垮了，夫妻倆的店不得不收起來，那該怎麼辦？」一想到這裡，焦慮更是翻湧而來，她忍不住焦躁，心裡暗想：「還得再多賺些錢才行。」

這時，可以試著換個方法：用第三者的口吻來描述自己的處境。她或許可以這麼說：「啊，又來了，H女士又在講她這世上最悲慘的故事呢。」接著問問自己：「我真的有那麼不幸嗎？」

於是，H女士開始回顧眼下的生活。細想之下，其實她的日子並不困苦。店裡的常客們友善親切，工作也帶來歡愉，孩子們都已自立且生活穩定。

她還意識到讓自己情緒低落的根源。對大多數人而言，情緒波動通常呈現某種固定模式。以H女士為例，每當某個月支出過高時，她的心情就會陷入低落。電費上漲、各項開銷增加，這些都讓她無可避免地感到不悅。

第二點是，身體狀況不佳時，她特別容易變得消沉。自從感染流感臥床後，腰部開始隱隱作痛，整個人因體力衰退而顯得無精打采。

第三點在於，生活變得過於單調乏味。

H女士逐漸意識到，自己陰鬱的情緒通常來自這三種情境，特別是在生活變得枯燥無味、缺乏挑戰時，她感覺自己的狀態正在慢慢下滑。

為此，她決定做出一些改變。

H女士選擇游泳作為解決之道。其實，朋友早就邀請她一起去游泳，但她過去總以忙碌為由推辭，這次，她決定強健體魄，為自己設立目標，甚至計劃參加一場大型比賽。

她還發現，自己缺乏的其實是夢想。

專注於自己道路的人，往往不再受嫉妒困擾，因為根本沒有時間浪費在嫉妒他人之上。

不要把自己當作悲劇的主角。

受害者意識也是「融合」的產物，當情緒和事實混雜一處，容易陷入一個無法自拔的黑洞。保持對自我的客觀視角，讓自己學會放下那些不快。

從客觀的角度看，我們常常被一些無足輕重的事情牽著走

放下「後悔」，試著爲過去「賦予意義」

有一次在聚會上，我和大家聊到一個話題：「如果能回到過去，你會選擇回到什麼時候？」在場多數人已年過五十，大多表示「不想再經歷那些辛苦，所以現狀就很好了」，但也有人對過去仍有些遺憾，想重新來過。

其中一人分享道：「當年考大學時，因家裡經濟條件有限，只能報考國立大學。保險起見，我選擇了較低的志願，結果順利錄取，可是成績其實夠上第一志願！要是當初沒降低標準就好了。」

「要是當初多花些時間陪伴孩子就好了。過去忙於工作，總覺得把孩子交給妻子是無奈之舉。然而，妻子和孩子們之間擁有許多共同回憶，家人間的互動也更緊密，而我卻彷彿缺少了這份連結，這讓我感到落寞。要是當時能多參與一點就好了。」這是一位父親的後悔之語。

我想，每個人心中都有希望重新來過的遺憾吧。即便不是什麼大事，也可能為「當時多說了一句不該說的話，結果與朋友吵架，真不該那麼衝動」這樣的小事而懊悔不已。

即使心裡告訴自己「過去的事就別再想了」，但有些事並非那麼容易忘懷。因此，我總是提醒大家，雖然我們無法改變過去，但可以為過去賦予不同的意義。

例如，前述那位對於降低大學志願感到遺憾的人，回想起在大學裡遇見了許多好朋友。或許因為報考的學校比原先的志願低，在校成績出色，還結識了優秀的老師，最終順利就業。他開始意識到：「雖然大學並非第一志願，但因為遇見了良師益友，才成就了如今的自己。」

這位後悔當初沒有更投入孩子教養的父親說，自己的其中一個孩子如今從事與他相同的職業。或許他與孩子的交流不及母親那麼多，但我告訴他，孩子們肯定是在看著他勤奮工作的身影中長大的。他微微一笑，說自己最感謝的，是子女都成長為善良懂事的好孩子。

比如，即使曾因爲說了過分的話而與朋友絕交，這份後悔也讓人從此學會慎選言辭，避免將情緒隨意發洩在他人身上。

過去已是過去，而今天的你，已經是個更好的人。

你之所以能夠體貼他人、贏得信任，正是因為曾經將情緒發洩在朋友身上、失去摯友的經歷。換句話說，那場爭執或許正是促使你成長的契機。

空海曾說：「愚人遇之為毒，智者得之為藥」（《聲字實相義》）。我對這句話的理解是，同樣的經歷，對愚者而言可能是毒藥，而對智者卻能成為良藥。

「無須後悔過去的失敗，讓它成為你的養分，繼續向前吧。」這是我給予的建議。正是那些失敗與悔恨造就了如今的你，這些經歷才是促使人成長的力量。

那些痛苦的經歷，事後往往能讓人意識到它們的可貴

訴說自己的故事，直到內心的刺逐漸拔除

在雜誌或報紙上，常常能看到人生諮詢的專欄。回答這些問題的不僅限於心理學家，還包括學者、作家、畫家、戲劇工作者等各界人士。面對面交流時，也許不便直接說「你的想法不對」，然而在紙面上，回答者們卻能直言不諱地指出諮詢者的偏頗之處，而這種直率的回應正是讀者們所喜愛的。

那麼，前來進行人生諮詢的人是怎樣的呢？他們明知可能會被知名專家一針見血地指出問題，卻依然選擇求助，或許是因為身邊無人可以傾訴，抑或是渴望有個機會表達自己、講述心中的故事。

前幾天，我隨意聽著收音機，聽到一位女性在節目中訴說對丈夫不參與育兒的困擾。她談到丈夫這也不做，那也不做，似乎有許多不滿。回答者問道：「您的丈夫真的什麼都不做嗎？」她回答：「其實他現在比以前早回家了。」說著說著，她突然說：「說出來感覺好多了，也許我應該和他多聊聊。」

在諮詢的最後，她自己找到了答案，而回答者僅僅鼓勵了一句「就這麼辦吧」。或許，這位諮詢者在訴說過程中，那位女性逐漸意識到丈夫其實也在努力吧。

當我們從高處俯瞰自己的人生，把自己的故事說出來，往往能產生深遠的效果。諮詢的本質，就是一種讓自己反覆陳述的過程。諮詢師的角色是聆聽和提問，既不評判對錯，也不將自己的價值觀加諸於人，而是幫助諮詢者在講述中學會用更客觀的視角看待自己。

除了向專家傾訴，找個身邊的親友傾聽也不錯。不過有個前提：講完過去沉重的故事，賦予它們一些意義後，就像闔上一本書一樣，將它們收進記憶的架子裡，讓自己逐漸淡忘。

有一對三姊妹，她們的孩子都已長大，於是三人決定首次結伴去溫泉旅行。旅途中，她們談起已故的母親。

次女總覺得自己是被母親疏遠的那個。夾在優秀的長女和可愛的三女之間，她一直認為自己被母親冷落。雖說談不上虐待，但她記得母親常用「妳怎麼這麼不機靈」的眼神瞪著她。

然而，長女的回憶並非如次女所想的那般完美。她說自己從小便承受著母親的厚望，接受嚴格的教育，甚至被母親用長尺打罵過。三女的感受又不同。她回憶道，母親對姊姊們充滿期待、事事指導，唯獨對自己冷淡無視，雖然因此少受束縛，但心中也難免感到一絲寂寞。三女還提到，中學時曾遭遇霸凌，當時向母親訴說，卻未得到任何回應。

這三姊妹雖然一起生活到高中畢業，但她們的經歷與對母親的感受卻各不相同。三人各自的故事，最終也成為母親的故事。她們在交談中提到，母親其實一直渴望上大學繼續深造，卻因相親結婚而未能如願，還有父親不止一次的出軌事件。

分享完這些過往後，三人得出一個結論：「雖然發生了許多事，但我們能有今天的生活，還是得感謝父母。」於是，這場談話在這個共識中結束。

自那以後，即便姊妹再度見面，也沒有再提起過去的話題。那些曾經讓人心中糾結的往事，就這樣被各自收納、封存。我想，這樣也挺好的。

越是那些「我肯定〇〇就是這樣」的事情，越值得我們停下來重新審視

每當遇到煩心或開心的事，都可以試著一一寫下來

當你無法向他人傾訴時，不妨將這些故事寫下來。

畫家橫尾忠則在他的人生諮詢集《老去與創造》中提到這樣的觀點：「我很快就會忘記那些已經表達出來的東西。每當我畫下一筆，就已經將它拋諸腦後。其實，以前那些人生諮詢的內容和我的回答，我現在也全然記不清了。或許正因如此，我才能保持精神上的健康。」

把腦中的思緒表達出來，然後放下，這正是維持大腦健康，並獲得新思路和創意的關鍵。

我曾讀過一位和歌詩人的隨筆，其中也提到類似的觀點。

這位和歌詩人總是隨身攜帶一本小筆記本，隨時記錄下想到的詞句，或是街頭偶遇的趣事。

在寫下這些內容後，他便不再掛念。之後偶爾翻閱這本「靈感集」時，才會驚覺「原來發生過這樣的事啊」。

他認為，如果不將想法記下來，這些念頭就會不斷在腦中旋繞，使大腦變得僵硬。

把它們傾吐於外，大腦才能安心地投入下一件事。

這篇隨筆的結尾頗具趣味——這位詩人的孩子送給他一部手機，讓他用備忘錄功能記事，他才發現這功能真的很方便，於是如今隨身只帶著手機。

即便不是藝術家，我們也同樣需要將煩悶的情緒或突如其來的想法釋放出來，否則它們會長期盤據在腦中，負面情緒便會持續糾纏。當我們固執於一個念頭，便無法激發新的想法。
因此，把它們表達出來、然後拋諸腦後吧。你也可以試試這個方法。

放下心靈的重擔，新的事物便會到來

細細品味那股怒意與不快的情緒

二〇二三年出版的《小山小姐筆記》（小山さんノート）一書引發不少好評，我也特地買來一讀。小山小姐是一位於二〇一三年過世的女性，生前曾是無家可歸者，透過在筆記本中書寫記錄，度過了她的每一天。

對她而言，閱讀和書寫是在那段歲月中得以保有自我的片刻。晚年時，她也受到了不少人的幫助，而她留下的八十多本筆記，經由志願者們整理成書，將她的生活公諸於世。

日記中記載了許多痛苦的經歷：無家可歸的艱辛、同住者的暴力、拮据的生活，讀來令人心疼。然而，小山小姐經常會在喫茶店中翻閱舊筆記，回顧過往。或許我們會擔心這樣的回顧會喚起她的負面情緒，但她並未因此困擾，反而在過去的記錄上補充內容，或從中萌生新的思索。

對小山小姐而言，日記已成為一種作品。她將書寫的內容視作故事，並以一種客觀的角度重新審視。即便回憶起那些艱難的時光，她或許也對自己能夠如此真實而完整地記錄下來感到滿足吧。

事實上，這種書寫能有效釋放心中的思緒。當我們將積壓的怒氣寫在紙上，這股怒意便隨之從內心釋放出來。

有句話說：「在日記裡只記下好的事情，別寫壞事。」畢竟，若每天的日記全是抱怨，事後讀起來確實令人心生厭煩。然而我認為，偶爾在日記中抒發當下的情緒也是一件好事。

這時不妨採用一種俯瞰的視角，像在寫一段以自己為主角的故事般，客觀記錄自己的心路歷程。

〇月〇日，今天是妻子（也就是我）跟朋友們出去的日子。平時出門前，我都會替丈夫準備午餐，不過今天我想反正他也在家，就決定什麼都不準備了。出門時只說了句「我要出去了，今天午餐和晚餐就簡單吃吃」就走了。回家後，發現水槽裡放著吃完的空泡麵碗，一副沒收拾的模樣。當時心想，他為什麼不把泡麵碗洗乾淨再丟掉？這是跟我暗示他只吃了泡麵嗎？隨後，我帶著一肚子火準備晚餐，這時丈夫卻走過來嚷著肚子餓。那一瞬間，我徹底爆發了……。

寫下這些時，我不禁反思：到底是什麼讓我這麼火大？比如，對於丈夫總是「一個指令一個動作」的習慣感到煩躁——像沒倒垃圾、明明在家卻沒準備晚餐，這些念頭不斷冒出。日記可以成為幫助我們客觀看待這些情緒的好工具。

順帶一提，這段日記的例子來自一位護理師的分享。她說，自己在寫的過程中逐漸冷靜下來，甚至覺得有些好笑。

「其實丈夫人不壞，只是他不會主動察覺，非得我說了他才明白。寫著寫著，我才真正意識到，所謂的夫妻心有靈犀根本不存在。」

自那以後，她學會了直接告訴丈夫自己希望他怎麼做。把情緒寫下來、冷靜地審視，或許是最直接的方法。不論文筆如何，書寫的效果確實顯著。

與其讓不滿不斷累積，不如試著說出「我希望你這麼做」

從不必要的關係中乾脆抽身

人際關係有時讓人身心俱疲。在眾多離職原因中，「人際關係的煩惱」長居前列。不僅在職場，家庭、社區、學校或社團，只要有兩人以上的地方就會產生人際互動，有時和諧順利，有時卻不免摩擦，這正是人生的寫照。

然而，當人際關係惡化時，對心理的影響確實不容小覷。

I先生在六十歲時進入再就業階段，擁有更多空閒時間，便開始學習長期以來渴望的織布課程。教室裡的老師教學細心，操作織布機的時候，他的心情也格外平靜，這段時間讓他十分愉快。

不過，有件事讓I先生有些介意。課程結束後，其他學員總會相約去吃午餐，但似乎沒有人邀請他。觀察一陣子後，他發現班上有一位頗具領導氣質的女性，對他的態度格外冷淡。至於為什麼會這樣，I先生自己也不明白。

這種時候，I先生會想起某人曾說過的一句話。他不記得是誰說的了，也許是一位運動員或藝人，內容大致是：「你無法掌控別人的感受，也無法改變對方的想法。所以我總是提醒自己，這種事和自己的人生無關。」

我們經常聽到這樣的話：「既然無法改變對方，那就改變自己。」這確實是一種應對方式，但有時候，將那些令人不適的人當作「與自己無關」而淡忘，可能更加有效。

人總是希望自己能被所有人喜愛，然而事實上，人與人之間總會有合不來的時候，有些事無需太過在意。

判斷與人合不合得來，自然不該僅憑外貌，但有些人總讓我們不自覺地在心中設下一道門檻，覺得他們不該進入自己的領域。

即便偶爾覺得似乎被對方疏遠，我們也能告訴自己：「這個人和我的人生無關，不會對我有任何影響。」這樣的心態，既是自我保護的屏障，也能讓對方從心中淡去。

有位女性曾和我分享她女兒小學時期的往事。參加家長會的應酬讓她備感壓力。家長圈裡有一位像「大姐頭」的人，大家總是小心應對，甚至還發生了人際間的排擠，無奈之下她也被捲入其中。

如今女兒已成人，她回首當年情景，不禁感嘆：「當初那些到底算什麼呢？」現在她和那群家長們早已不再聯絡，回想起來，這些人和她的人生並沒有多大關係，但當時的自己卻因爲這些瑣事氣惱、失落。「現在想起來，真像一場鬧劇！」她笑著說。

生活中免不了會被各種人際關係裹挾其中，但有時候學會將一些人視作「無關自己人生的過客」，從容放下、忘記，也是必要的。

空海曾言：「南斗隨運而行，北極不移」（《秘藏寶鑰》）。北極星是不動的恆星，古人會透過北極星來確定自己的方位。而南斗星則位於北極星之南，隨著季節的變遷而移動。

我希望我們能像北極星一樣，在人際關係中保持「堅定不移的心」，踏實地走自己的路，不被他人的言語或情緒牽著走。

學會為自己的內心設立界線，不讓他人佔據自己的時間與思考

檢視一下，究竟是什麼讓自己這麼容易受傷

你聽過「情感依賴族（メンヘラちゃん）」這個詞嗎？「メンヘラ」原本是「心理健康」的簡稱，但如今這個詞多用來形容那些情緒波動大、心理狀態不穩定的年輕人。

這類人通常自我認同感偏低、容易依賴他人，且十分敏感脆弱。雖然我提倡擁有「堅定不移的心」，但對年輕人而言，要建立如船錨般穩定的自我並不容易。缺乏自信時，他們往往過度依賴戀人或朋友，透過他人的陪伴來勉強找到自我價值。

因此，他們頻繁地發送訊息，每天都渴望與人見面，甚至會因他人隨口而出的話語而深感受傷。

一位青少年精神科醫生提到，有些年輕人因朋友沒有赴約，就覺得自己被拋棄，甚至因此大量吞藥。儘管這些年輕人心思敏感，但隨著年歲增長，他們的心境也會逐漸堅韌。經歷了各種挫折、分離，以及新關係的建立，他們便會在這些過程中逐漸成長。

然而，仍有一些人即使步入中年，內心依舊容易受傷。時常聽到有人因為配偶的一句話發火，或是被婆婆、朋友的隨口一句話刺痛。讓人受傷的，多半是來自他人的言語。

K女士便是其中一例。她是一位教師的妻子，育有兩個孩子，並選擇成為全職主婦。某天，長子的未婚妻對她說：「聽說您從沒工作過，真令人羨慕！」這位準媳婦來自一個強調「女性也要有職業成就」的家庭，她的母親是大學教授，祖母也從事教育工作。雖然準媳婦可能沒有惡意，只是單純地表達驚嘆，但K女士卻聽出幾分諷刺意味。

從那之後，K女士對長子的未婚妻心生隔閡，甚至開始對婚禮感到鬱悶。她向妹妹傾訴心事，沒想到妹妹卻笑著說：「妳怎麼會為這種事受傷呢？」還提醒她：「如果妳對自己沒工作的事有自卑感，那不如現在開始找份工作吧。」K女士這才意識到，自己對從未上班這件事，原來一直心存自卑。

她之所以選擇成為全職主婦，並非沒有理由。當年，由於母親體弱多病，她在畢業後便承擔家務。婚後不久，公公臥病在床，婆婆的身體也變差，她忙於維持家庭的日常運轉，根本無法抽身去工作。

K女士開始思考：「如果我真的因為沒工作而感到自卑，那我是不是應該去上班看看？」恰巧，她看到當地的教育委員會正在招聘小學學習輔導員，這是一份每天只需部分工時的職位。

這讓她回憶起年輕時的教師夢。於是，她鼓起勇氣投了履歷，沒想到順利錄取。如今，她感到前所未有的充實，工作也帶來了新的成就感。

K女士和媳婦的相處也比以前融洽了。雖然從未提起，但她心裡明白：「正是因為妳的話曾讓我受傷，才促使我邁出這一步。」

像K女士這樣，有時內心的自卑往往會成為受傷的根源。我們常常不願面對自卑的部分，但有時它反而能讓我們更清晰地看見自己的真正需求。

試著用客觀的眼光審視自己，檢視那些容易受傷的部分。

只是換個方法，人生就可能會朝意想不到的美好方向前進

那些壓抑的負面記憶，終究會變成「心靈的垃圾」

那些讓人不快的回憶，忘掉會比較好，但有時我們會無意識地將它們封閉起來，以為自己已經放下。

當我們試圖逃避不安、罪惡感或羞愧等負面情緒時，心理會自動啟動「防衛機制」。這是一個心理學術語，簡單來說，就是一種無意識的自我保護行為，幫助我們維持內心的穩定。

防衛機制有很多種，其中最典型的是「壓抑」。這種機制會讓我們不自覺地將不願回憶的事排除在意識之外，甚至連自己也以為已經忘記了。然而，當生活中出現類似情境時，這些被壓抑的記憶可能會再次浮現，帶來內心的痛苦。

在銀行工作的M先生曾跟我分享他的經歷。某天，他在雜誌上看到一篇關於霸凌障礙兒童的報導，這勾起他塵封已久的記憶。他突然想起，自己也曾經有過類似的行為。

M先生回憶道，兒時他家隔壁住著一位比他小一歲的男孩。由於是鄰居，父母經常要求他們一起上下學，他只好勉強陪伴。兩人偶爾會一起玩耍，但M先生總覺得那個男孩讓人不自在，甚至有些煩人。

漸漸地，他開始趁父母不注意時欺負那個男孩，或是故意冷落他。然而，男孩卻並沒有因此疏遠，反而黏著他不放。

有一天，M先生在河堤上將男孩推倒，導致男孩受傷。即便如此，男孩也沒有向別人告發M先生的行為，這反而讓M先生更加厭惡，開始刻意避開他。第二年，因為父親工作調動，M先生一家搬離當地，他也很快將那個男孩拋諸腦後。

多年來，他幾乎完全遺忘了這段往事，但內心深處始終隱隱覺得：「自己或許並不如想像中那麼善良」。

如今回顧當時情境，他猜那個男孩或許患有某種發展障礙，而自己可能因此感到煩躁，甚至不自覺地輕視他。現在的他無論如何都不會再做出那樣的事，但當時的他，畢竟只是個孩子。

M先生首先向妻子坦承自己的過去。妻子認真傾聽後，告訴他，正是因為他現在是一個善良的人，她才會選擇與他共度一生。隨後，M先生試圖尋找當年那位男孩的消息，卻始終無法得知他的近況。

他開始反思，自己心中那份若隱若現的空虛感是否源自這段往事，於是決心面對這段霸凌的記憶。

當壓抑的回憶連同情感湧上心頭時，我們應該學會不被其牽引，而是以一種更冷靜的姿態來審視。如今的你，已經是能夠做到這一點的年紀。過去畢竟已成往事，但我們可以選擇將它與當下的自己切割開來，重新審視，以新的理解覆蓋舊有的記憶。那些痛苦的記憶，也可以被逐漸淡忘，無須一直背負。

做好當下該做的事，才是守護心靈健康的根本

與其「封存」，不如「釋放」

前一節，我提到將痛苦經歷排除於意識之外的「壓抑」機制。

如今，我們幾乎每日都能聽到戰爭的消息。然而，經歷過先前戰爭的高齡者中，許多人將那些慘痛的記憶深藏於心，從未對子女或親友坦露。對他們而言，或許是養家糊口的忙碌使他們一度以為自己真的忘卻這些過往。有些人甚至避開戰爭題材的電視劇，因為那樣的場景會讓他們心頭一陣揪痛。

在二〇二一年長崎市的和平紀念儀式上，九十二歲的岡信子女士作為受害者代表發表了演講。她從未以核爆倖存者的身分講述自己的故事，也從未公開露面，可謂一位默默無聞的倖存者。

據說，岡信子女士從未對親近的人提起自己從核爆中倖存的經歷。她深知，一旦打開話匣，那些埋藏已久的情感將會洶湧而出，因此她將這份沉重的記憶深藏心底。然而，隨著越來越多的核爆倖存者相繼離世，岡信子女士逐漸認為，或許自己也有責任將這段經歷留給後世，傳遞和平的使命。

她在和平祈念式典上發表了一場令人動容的演講，於三個月後辭世。對她而言，那段痛苦的記憶不再只是私人的悲傷，而是成為一段向全世界訴求和平的經歷。透過將記憶釋放於外，她得以脫離內心情感的牽引，冷靜而客觀地向世人講述。

在心理學中，「昇華」是一種防衛機制，意指將社會無法容忍的衝動或本能欲望，轉化為可被接受的行為，以此滿足內心需求。例如，將對社會的憤怒轉化為繪畫或短歌創作，便是一種將情感向外轉化的方式。

畢卡索為故鄉西班牙的內戰感到憤怒，創作了《格爾尼卡》。相比以言語表達，他的作品更具震撼人心的力量，甚至在全球產生了深遠的影響。

我們常說，將痛苦的經歷或受害記憶塵封起來、逐漸淡忘即可。然而步入中年之後，也許是時候將這些不快的回憶重新拿出來，撣去灰塵，用更客觀的角度重新看待，賦予它們新的意義，然後輕輕放下。

若能做到這一點，或許便能與過去的自己和解，為自己開啟一段從容自在的老年生活。

不妨問問自己，是否還在忍受那些不必要的壓力和妥協？

第2章

如何釋放陰鬱思緒

不讓美好或痛苦的回憶成為包袱

心情低落時，更不要讓自己「無所事事」

人體由心臟、肺、胃、肝臟和腎臟等多個重要器官構成，這些是維持生命不可或缺的系統。若其中任何一個功能失調，便可能被診斷為疾病。因此，我們會格外關注內臟的健康。例如在日本，代謝症候群健康檢查已被列為法定義務，這也促使許多人更加重視保健。

同樣地，大腦也是人體的重要器官之一。也許我們平常較少從這個角度去思考，但大腦正是使人之所以為人的核心所在。

可是相比其他器官，我們有真正留意過大腦的健康嗎？很少人會想到要為大腦營造一個健康的環境，其實，我們應該多花點心思關注它。

人在低潮時，憂鬱的情緒會讓過去的負面記憶湧上心頭，隨著自我肯定感下降，腦中開始不斷閃現「自己一事無成」、「我是個沒用的人」這類念頭，進而越陷越深。

而情緒失控的另一頭，有些人會變得煩躁易怒，甚至帶有攻擊性。

A女士發現，父親在退休後變得有些奇怪。以往從不說人壞話的他，開始頻頻提起往事，怨懟地說：「當年就是某人的失誤，才害我背黑鍋！」或是抱怨已故的鄰居：「那人連招呼都不打！」甚至為了網路上的內容氣得暴跳如雷：「現在的年輕人真是一代不如一代！」

起初，A女士以為父親只是年紀大了脾氣差，但後來他對母親也常鬧情緒，食慾還減退了，這才讓她懷疑父親是否罹患失智症。她帶父親去醫院檢查，結果被醫生診斷為「憂鬱狀態」。

為了幫助父親康復，A女士查詢不少資料，嘗試各種療法。她好不容易說服不太情願的父親，每天早上和母親一起散步，還幫他報名游泳課程。A女士自己也常約父親一起看電影，並常常回家陪伴他。在這些努力下，父親慢慢不再像之前那樣怨天尤人。

更棒的是，父親在游泳課程結識一對熱愛登山的夫婦，他們邀請父親一起去爬高尾山。當父親登上山頂時，他開心地說：「感覺胸口一下子輕鬆不少。」從此愛上爬郊山，整個人也變得更加開朗。

看見父親的轉變，A女士好奇地問，那段情緒低落的時期究竟是怎麼樣的感受。父親對自己曾給家人帶來的麻煩已經記不太清楚，但思索片刻後就說：「那時候，總覺得心裡空蕩蕩的。」

這只是我的猜測，但A女士的父親或許是對退休後的新環境感到迷茫吧。大腦是很脆弱的器官，容易受到孤獨、飢餓、或經濟困窘等狀況的影響。當生活環境變得糟糕，大腦的狀態也會跟著低落，最終陷入憂鬱。

你有好好照顧自己的大腦嗎？別忘了讓大腦得到休息，為它營造一個充滿樂趣，避免變得鬱悶的環境。

那些總是聚焦於負面事物的人，應該有意識地去尋找生活中的美好

大腦對負面事物的敏感，遠勝於對正面事物的反應

大腦本質上是一個偏向陰鬱的器官，這與人類的防衛本能息息相關，無可避免。防衛本能是人類在面對身體危險或心理威脅時，用以保護自己的自然反應。

在人類還是狩獵者的時代，為了不被野獸襲擊，人們必須時刻保持高度警覺，才能在大自然生存。如果只是抱持「船到橋頭自然直」的樂天態度，很可能會難以生存。

經歷數萬年的進化，隨著文明發展，人類面對身體威脅的防衛本能逐漸

減弱，但針對心理威脅的防衛反應依然非常活躍。因此，大腦在稍不注意時，就會不由自主地進入以下這些反應模式。

①對於過去，大腦會不停尋找那些令人後悔的片段。

②對於未來，它則不斷尋找可能的擔憂與不安。

關於第①點，這種反應本質上是一種防止重蹈覆轍的本能。例如，人們會記住某座山的懸崖很危險，或是記得上一次狩獵的失誤，避免再次犯下相同錯誤。這種防衛本能，原本是為了幫助我們可以更好地生活。

然而生於現代，每當我們回想起那些後悔或失敗的經歷，負面思緒往往會在心中反覆縈繞，難以轉化為對自己的積極反思。

關於②，這種防衛本能同樣是為了確保未來能夠安全穩定地生活。例如，我們會提前做好防颱準備，準備禦寒衣物，確保糧食儲備充足，這些都是為了生活更加安心的防範措施。這些準備不僅僅是為了自己的安穩，也是為了家人和社區的安全。

然而，現代社會受到各種事件的影響，人們的防衛意識有時會過度敏感。在資訊爆炸的時代，大腦發出危險訊號的頻率大幅增加。大腦的天性更偏向負面思考，因此往往會不自覺往不好的方向思考。

既然大腦如此容易陷入陰鬱，我們也需要找到應對之道。我的朋友F先生提前退休，現在過著悠閒的生活。他每天早晚散步，並且時常更換散步的路線。

散步時，他總是對遇見的小學生微笑並說「早安」或「你好」，但只有大約一半的孩子會回應，尤其是女孩子，更少理會。

有一次，F先生向一位小學生打招呼時，孩子的母親突然趕來，牽著孩子的手並狠狠瞪他一眼。F先生為此感到沮喪，心想：「我真的被當成可疑人物了嗎？」他回家向妻子訴苦：「是我長相的問題，還是穿著不對勁？」妻子笑著說：「你不就是個普通的阿伯嗎？」

這讓F先生大受打擊，甚至決定減少外出。他一度陷入焦慮，還開始服藥，試圖讓自己情緒穩定。他的大腦陷入防衛本能，不斷思考如何避免被人討厭，這也是情有可原。

住在遠方的女兒聽聞後，覺得父親的煩惱太過荒謬，鼓勵他繼續出門散步，並提議以一個新形象打破這份陰鬱的心情。她建議父親拋棄灰暗的「阿伯風格」，改穿明亮的衣服。於是F先生開始穿印有動物圖案的T恤，搭配亮色的運動鞋。

換上新裝扮後，他發現小學生回應他問候的次數變多了。鄰居如何看待他的改變不得而知，但家人都對他的新風格讚不絕口，認為這樣的F先生更有活力。

要讓大腦保持正向、不陷入陰鬱，也許需要為它營造良好的環境，再運用一些「反其道而行」的創意。例如穿上自己喜歡的衣服、犒賞自己一頓美食、去按摩放鬆身心，這些方式都能激發大腦的活力和動力。

最重要的心態，是能從失敗中學習，並藉此成長，即便遇到挫折也不例外

不要毫無根據就自己去預測壞結果

總是把事情往不好的方向想，這就是所謂的負面思考。比如醫生告訴你「血糖值有點偏高，需要注意一下」，你馬上想到自己可能會得糖尿病，想起親朋好友曾因糖尿病受苦的情景。想到飲食會受到限制，每次吃飯前都得注射胰島素，甚至有人最後失明或需要洗腎，整個未來一片灰暗。這是個極端的例子，但這種讓自己陷入消極情緒的思維就是負面思考。

那怎麼樣是正面思考呢？舉例來說，有些人會想：「糖尿病喔，很常見啊，很多人都有糖尿病，沒什麼好擔心的。」用這種樂觀、積極的態度看待問題，就是正面思考，而這樣的人其實也不少。

這些人雖然樂觀積極，但往往不擅長節制飲酒或調整飲食，反而固執地按照自己的方式行事，結果導致病情惡化。

而那些偏向負面思考的人，則因擔心糖尿病惡化，努力戒酒、控制飲食。這時，那些所謂「正面思考」的人可能會這樣安慰：「我血糖也很高啊，別擔心，沒事！這個時代，隨便丟一塊石頭都能砸到糖尿病患者呢！」甚至鼓勵對方一起喝酒。於是，原本負面思考的人也跟著「樂觀」起來，彷彿故事就此圓滿結束——但這真的是個好故事嗎？

事實上，無論是前述的負面思考還是正面思考，都缺乏正確的根據和邏輯，這類思維被稱為「不健全思考」。不健全思考的特徵有三：①不基於事實，②缺乏邏輯，③無法帶來幸福。

那麼，什麼樣的思維才是好的呢？答案是「健全思考」。健全思考要求我們基於正確的事實，理性地分析問題，冷靜思考自己該做的事，從而做出對自己真正有益的選擇。

我認為，無論是負面思考還是正面思考，都是情緒化的思維方式。將事情往壞的方向想而陷入沮喪，或者往好的方向想而變得積極，這些都是受情緒左右的結果。然而，我們應該停下來想一想，事實究竟是什麼？

針對「血糖偏高」這一事實，採取有根據的、非情緒化的方法來預防更嚴重的病情，就是健全思考。例如，不是徹底戒酒，而是控制飲酒量，設立不喝酒的日子，重新審視飲食內容，儘量走樓梯增加活動量，這些都是我們可以付諸行動的具體措施。

這很合情合理，但有時我們會試圖用正面思考來對抗心中的負面情緒。將這些不健全的思維轉化為健全思維的過程，被稱為「理情行為療法」。這是由臨床心理學家亞伯・艾里斯（Albert Ellis）提出的治療方法，比目前普遍使用的認知療法還要早。

舉個例子，假如你在街上看到認識的人，打算打個招呼，結果對方沒注意到你，直接走過去了。你可能會覺得被忽略，內心受傷。大腦的天性會啟動負面思考，得出「他是不是討厭我」的結論。

若是採用正面思考，你可能會想：「算了，那個人不跟我打招呼也沒差」或是「我本來就覺得他不怎麼樣」。這種想法可能會讓自己在情緒上感覺好一點，但其實沒有真的解決問題。

讓我們試著用健全的思維來看待這個情境。

對方可能只是沒注意到你，或者有什麼心事纏繞。也許他家裡有人住院，剛剛得知病情很嚴重，心中充滿悲傷和憂慮，無暇顧及周圍。街上來往的行人，並不是每個人都會隨時關心他人的存在。每個人都有自己的生活和煩惱，學會這樣去思考，就是健全思維的養成。

就像前面提到的例子，有些人因為對方沒有回應而感到不快，甚至久久無法釋懷。但其實最好的方式是立即啟動理性思維，對這種沒得到回應的小事輕鬆帶過，告訴自己「沒關係」，然後就放下它。

當你看到別人沉默時，不要主觀地認為對方在生氣，或者因為被冷淡對待就覺得自己被討厭了。不要用情緒來判斷事情，學會啟動健全思維，這很重要。

別把失敗或不好的事放大，也別輕視成功或美好的事

大腦健康的秘訣在於「培養廣泛興趣的能力」和「靈活享受生活的能力」

大腦最愛的養分就是好奇心。

不論年紀多大，依然充滿好奇心的人總是顯得年輕。然而，要持續保持好奇心，就需要不斷地學會遺忘。不糾結於過去，忘掉已經結束的事情，然後朝著下一步邁進。

我看過登山家田部井淳子的紀錄片。在與病魔抗爭的晚年，她心中最牽掛的是手上正在進行的專案資金問題。即使面臨生命可能即將結束的情況，她似乎也沒有時間回憶過往的輝煌成就。她總是面向未來的姿態，讓我深受感動。

田部井女士並非什麼超人，而是一位非常普通的女性。我認為她在人生中能不斷前行的動力，正是源於她不沉迷於過去的成功，而是始終保持旺盛的好奇心。

我認識一位B先生，他曾在某企業擔任財務部長。在職時，他全心投入工作，對社會問題和政治議題關注不多。退休後，因為妻子的朋友開了一間兒童食堂，B先生便跟妻子一起去幫忙，負責輔導孩子讀書。

這份志工工作讓B先生感到非常滿足。與小學生和初中生的相處，讓他憶起女兒小時候的時光，也讓他重新感受到幫助他人的價值。不過，這也讓他開始對一些社會問題產生疑惑。為什麼全國各地有這麼多兒童食堂？過去，他的生活圈中從未與「貧困」這個詞有所交集。而當他開始關注這些問題後，他發現，原來自己每天走的路上也有無家可歸的人，這些現象逐漸進入他的視野。只要稍加留心，就會發現生活中有許多被忽略的問題。

B先生對貧困問題愈加關注，開始閱讀相關書籍和網路文章，但他發現僅靠自學還是有其侷限，於是決定報考研究所進一步深入研究。

B先生入學後發現，教授和同學全都比他年輕。過去在職場上，部下總會小心翼翼地問：「部長，這部分您覺得怎麼樣？」但現在，在研究所裡，反而輪到他去體諒、遷就他人。

無論是二十幾歲、三十幾歲，還是四十幾歲的同學，在他眼中，每個人似乎都比自己聰明。當自卑感浮現時，他不禁在心中嘀咕：「你們知道我以前是誰嗎？我可是大企業的部長呢！」他發現自己有時不由自主地想炫耀過去的成就，以彌補內心的落差。

有一次，B先生正苦讀英語文獻，覺得相當吃力，這時指導教授來到他身邊，輕聲對他說：「別和別人比。即使一時看不懂其他人在讀的內容，你也會慢慢跟上。而且，比起那些知識，你過去的經驗可能會帶來一些獨特的觀點，這才是你的優勢。」

B先生反思了一番。他曾以自己在企業中的高位為榮，但如今他意識到，自己的經歷遠不止於工作。成長的家庭環境、學生時代的記憶、婚姻生活以及撫養子女的過程，這些都是他人生中不可多得的寶貴經驗。於是，他決定拋下過去的頭銜，專注於當下，思考現在的自己能做些什麼。

根據B先生的妻子所述，B先生完成碩士學業後，竟然還表示想繼續攻讀博士課程，這讓孩子們大為吃驚。看來，B先生放下了過去的「部長」光環之後，反倒真正釋放了自己的潛力，重新活出了嶄新的自我。

那些總是誇耀過往頭銜的人，必然令人反感

即使有過輝煌的過去，那也和現在的你沒有關聯

失敗讓人難以釋懷，但你是否也被過去的成功束縛住了？

八、九十歲的老人們自豪地說「我以前賽跑都是第一名」，周圍的人通常會微笑回應「對，爺爺真的很厲害」，這些話大家聽了都能輕鬆帶過。然而，當中年人還在炫耀那些過往榮光時，則讓人不免感到有些尷尬。

的確，「業績奪冠」、「工作經常出差海外」、「大學拿過最優秀獎」、「小時候跑得很快」，這些都是值得珍藏的回憶。擁有成功經驗對於維持自我肯定感相當重要，但對於他人而言，這些成功多半毫無幫助，甚至容易引

發反感。

有些家長會對孩子說：「媽媽以前在班上英語總是考第一，你怎麼連這麼簡單的題目都答不出來？」父母常常不經意地向子女炫耀自己的過去。然而，我想對孩子們說：「父母的話，只需要聽一半就好。」

畢竟，人往往會選擇性地美化自己的記憶。

例如，有人想起自己曾在業務成績拔得頭籌，但其實可能只是恰巧有朋友介紹一位大客戶罷了。然而在記憶中，這卻被描繪成自己努力不懈、天賦異稟的成果。成功經驗有時不免帶著些許的失真。

即使是低調、不喜歡向他人誇耀的人，內心仍可能過於珍視自己的成功經驗。這樣的人之所以經常感到憂鬱，多半是因為「不由自主地拿現在的自己和過去相比」。

以前輕而易舉的事情，如今卻難以完成。曾經名列前茅的我，如今卻追不上數位化的步伐。過去熱衷登山，如今卻爬沒幾步就氣喘吁吁。每當我將自己和那個曾經光芒四射的自己相比，心情便不由得低落下來。

我認識一位患者，他以為自己陷入憂鬱狀態，於是前往醫院尋求幫助。

「醫生，我覺得最近很沒有精神。以前可以做到的事情，現在都做不到了。」

「您說的以前是指什麼時候呢？」

「二十幾歲的時候。」

「您現在幾歲了？」

「六十五歲。」

「嗯，這是因為年紀的關係呢。」

被醫生歸因於年齡讓他有些不滿，於是向我訴說了這段經歷。

與二十多歲時相比，無論是體力還是心中的激情，都大不如前。再怎麼苦惱，那些充滿活力的日子終究回不來。現在的自己，腿腳變得衰弱，對異性的興趣也減退，已經無法融入那些熱鬧的場合，這一切都在提醒著，自己真的老了。

在這樣的情況下，不妨以健全思考重新看待自己。

仔細思索就會發現，此刻的自己，恰好符合這個年齡會有的模樣。那麼，該如何以這樣的自己去享受未來呢？這是值得我們深思的問題。

現年八十多歲的橫尾忠則先生在《老去與創造》一書中提到：「聽力衰退，視力模糊，手患腱鞘炎，五感幾乎都不靈光。」

然而，他並不主張對抗老化，而是認為應從接受現實開始。他寫道：「過去那種最健康、最舒適的狀態，已無法再維持。也許我們需要的是一種更重視『當下』的生活方式——Be Here Now，活在此刻，珍惜當下。」

橫尾先生一向給人充滿爆發力的印象，因此他說的「接受當下的自己」，格外具有說服力。

隨著年齡增長，人們往往分成兩類：「活在過去的人」和「面向未來的人」。和人交談時，不難分辨對方屬於哪一類。

你是否也常常懷念過去，感嘆「那時候真好」呢？

事實上，即便到了八九十歲，我們依然可以保持創造力。可以說，五六十歲正是為此蓄力的黃金時期。讓過去的美好隨風而逝吧，記住，無論何時都要不斷雕琢、提升未來的自己。

過去是過去，現在是現在，未來是未來，各自分明

那些再怎麼想也得不到答案的事，就別再費心了

前幾天聽廣播時，電台主持人讀了一封聽眾來信，大意是：聽眾在某個LINE群組裡發言，結果沒人回應。他開始懷疑是不是自己說錯了什麼，直到有人回覆前，心裡一直忐忑不安。

主持人安慰道：「其他成員可能也在等著別人先回覆吧。」或許大家都不想當第一個開口的人，等有人說句「不錯欸！」才會跟著附和。

我對LINE群組沒什麼研究，但能理解那種觀察周圍反應才敢開口的心情。就像參加講座，主持人問「在場各位有什麼問題嗎？」時，場內總是一

片靜默，想必大家都經歷過這種場景。

靜待一會兒，總會有某個人小心翼翼地舉起手。一旦有人開了口，意外地大家也紛紛舉手發問，場內氣氛隨之活躍起來，最終講座以熱烈的互動圓滿結束。

不太想成為第一個發言的人，似乎是日本人的習慣。也許是怕說錯話丟臉，也可能是不想成為眾人焦點。

那位因為 LINE 群組沒人回覆而不安的聽眾，直到看到第一則回覆前，一直焦慮：「我是不是搞砸了什麼？」擔心自己是否無意中說了傷人的話，或顯得自以為是，甚至開始懷疑自己是不是被忽視、被排擠。隨著等待，各種內心小劇場逐漸失控起來。

儘管最後等到了回覆，但這位聽眾坦言，那段「忐忑不安的等待時間」實在讓人如坐針氈。

這樣的焦躁持續了多久呢？是十五分鐘、一小時，還是半天？我們無從得知，但想必一定是頻頻拿起手機，不斷打開群組查看是否有了新回覆吧。

如果要給這位聽眾一些建議，我會推薦他埋頭整理房間，暫時放下手機，或者找部有趣的電影來消磨時間。說不定等電影看完，回覆就來了。

與其徒勞地擔心未來，不如在內心小劇場開始上演時，學著放下，乾脆地忘了這件事。許多我們認為「搞砸了」的事，其實都沒那麼嚴重。

我們經常會揣測對方的情緒，搞得自己心神不寧，但最重要的是學會忘記。話既已出口，就坦然放下吧。畢竟，為此糾結實在太浪費時間了。

當失誤發生時，試著問問自己：「我能從中學到什麼？」

只有自己能如自己所願

有些人不僅為自己，也時常為他人操心，尤其是對自己的孩子格外牽掛。

D女士的煩惱，多半圍繞著她的獨生女。她的女兒原本是一位地方公務員，但三十歲後便開始四處闖蕩，如今在馬來西亞的一家飯店工作，還交了一位當地的男朋友。

D女士對女兒滿是擔心：「過這樣的生活，將來老了怎麼辦？」「會不會被外國男人騙了？」「可能連孫子的面都見不到。」

那麼，D女士憂心的根源究竟是什麼呢？真的是在意女兒的幸福嗎？

或許是D女士隱隱覺得自己的內心被攪亂了。她的朋友們的孩子都已經結婚，而且就在老家附近蓋了房子，孫兒也相繼出生。

每當朋友提起「我都有第五個孫子了」時，她總覺得自己像是輸了一樣。D女士的擔憂中，還夾雜著作為父母的現實考量：「唯一的女兒在海外，我們的晚年該怎麼辦？」這是她親口說出的真心話。

她不敢向朋友透露對女兒的擔心與不安，只好向丈夫訴苦。丈夫一向包容她的情緒，但這次卻說：「光是擔心也沒用啊。要是真這麼放不下，就去馬來西亞看看她吧。」因為丈夫還在學校擔任退休返聘的教師，要到暑假才能休假。於是，在丈夫的鼓勵下，D女士在五月踏上首次獨自出國的旅程，飛去海外見女兒。

結果一切順利。女兒住在能眺望一片海景的住宅區，房子不大，但十分舒適。女兒的男友一家也很友善，時不時來探望，還邀請她參加家庭聚餐，盛情款待。大家用簡單的英語交流，氣氛十分融洽。

初次品嚐當地美食，欣賞那些精緻的布藝製品，D女士感到既新鮮又興奮，心想：「這樣的生活好像也不錯。」回國時，她甚至替女兒和準女婿敲定了夏天的婚期，打算等丈夫暑假能休假時一同參加婚禮，這消息讓丈夫聽了不禁哭笑不得。

D女士回憶道：「我以為自己是在擔心女兒，其實，也許只是為了自己的面子才感到焦慮。」

遠距離的牽掛讓她的想像越發失控，但真正來到現場，看到女兒過得如此充實自在，她才明白：「其實什麼也不用擔心，一切自有安排。」

南國的氛圍似乎也讓她的心境開闊不少。大半生幾乎都是家庭主婦的D女士，見識到全新的世界，好奇心終於超越了她的不安。回國後，她開始學習馬來語和英語。

我們總是對家人充滿牽掛，這種時候往往會不自覺地想控制局面，好讓自己放心。然而，當你無意中流露出「快點結婚安定下來吧」或「找份穩定的好工作」這類期待時，反而會讓對方感到壓力，甚至心生排斥。

最好的方法是專注於自己熱衷的事情，分散注意力，慢慢淡化對他人的擔憂。

畢竟，無論是子女還是父母，都是獨立的個體，不可能完全按照你的期待行事。當他們真的遇到困難時，保持接納的心態，其他時候不妨放寬心，告訴自己「順其自然吧」。

每個人都有自己的視角與想法，價值觀不同是再正常不過的事

對那些無法改變的事，保持隨遇而安才是最好的態度

許多人對未來憂心忡忡。不僅是個人方面的問題，如退休金、疾病、或是養老的安排；也有人擔心社會變遷、國家發展等更宏觀的議題。以金錢為例，當國家宣稱退休生活需要準備兩千萬日元時，人們難免會產生過度的防衛心理，這也是人之常情。

不過冷靜下來想一想，日子其實還是可以過得去的。只是，我們往往容易被周圍的各種資訊牽著走。不如先思考如何用現有的資金過生活，若有不足，再考慮兼職補貼即可。

最近，常常能看到高齡者在便利商店工作。有人會感嘆：「這是個連老人都得工作才能生存的社會。」但看到他們精神抖擻地投入服務業，或許把工作視為不幸，才是一種傲慢。

曾有位病人告訴我，就算每天只上三小時的班，對客人笑著說「謝謝光臨」也是一件讓人心情愉快的事。他因病辭去了正職工作，但每週有兩天會在家庭餐廳打工，他說，即便只是按照流程服務，也依然讓他感到開心。

還有人為自己尚未罹患的疾病擔心受怕。殊不知，過度思考「要是生病了怎麼辦」本身就是一種壓力，對健康有害無益。

疾病該來時總會來，就算身體有一兩項慢性病，依然有許多人能夠長壽。人究竟能活多久，沒有人能預測。

空海在《十住心論》中說過一句話：「心病雖多，其本皆一，所謂無明是也。」無明指的是心靈陷入一片黑暗的狀態，讓人看不到未來的光亮，彷佛生活中完全沒有希望。在這種時候，我們更容易受到心理疾病的折磨。

若是對未來充滿不安，不妨試著專注於平淡地度過今天。

泡杯茶，配上一小塊羊羹，享受片刻的舒適。也可以去一間氛圍怡人的咖啡館，品嚐一杯香醇的咖啡。

希望的光芒，不會由他人帶來。與其被「老後艱難」的聲音左右，不如拋開對未來的憂慮，把重心放在享受當下，這才是最重要的。

不安會熄滅心中的光芒，而愉悅的心能點燃那盞燈火。

這燈火將為未來照亮前路，引領我們邁步向前。

光是左思右想，什麼也無法開始。不如先行動起來吧

不是因爲開心才笑，而是笑了才感到開心

你有聽說過「笑瑜伽」嗎？這是一種以「笑」為主的瑜伽，大家一起開懷大笑、拍手鼓掌，場面輕鬆而愉快。

聽說有位患者參加的聚會就進行了這個「笑瑜伽」活動。參加者大多身患重病，生活艱辛而壓抑，這個聚會的目的正是讓大家有機會分享心情、彼此傾訴。然而，得知要進行笑瑜伽時，有些人並不想參加，甚至有人說自從生病後早就忘了怎麼笑，覺得這種活動是在強顏歡笑，乾脆不參加了。

儘管如此，在講師的引導下，大家逐漸放鬆下來，開始笑出聲音。一開

始還有些拘謹，但隨著笑聲越來越響，現場的氛圍也變得輕鬆愉快起來。

一開始參加者只是裝笑，後來逐漸被周圍的笑聲感染，大家一邊大笑，一邊動起身體，甚至彼此擁抱，笑聲此起彼伏。笑瑜伽結束後，參加者紛紛分享感想：「心情舒暢多了」、「變得好開心」、「感覺一切似乎都有希望了」、「好久沒有流汗了」。

我們常以為是因為悲傷才流淚，因為開心才會笑，認為情緒決定了表情。然而，心理學研究顯示，當我們流淚時會感到更悲傷，而微笑則會帶來幸福感。也就是說，表情也能影響情緒。

最早提出這一理論的是心理學家威廉．詹姆斯（William James）和卡爾．朗格（Carl Lange），因此這個觀點被稱為「詹姆斯－朗格情緒理論」。這是十九世紀末的研究，此後經過百年的驗證，已證明這一理論是正確的。

有人認為，靠笑來讓心情變好，並不能真正解決問題。的確，縱使一時感到開心，病痛也不會因此消失，問題也不會像魔法一樣瞬間解決。

然而，感到愉快能讓人心態變得積極。當我們被種種悔恨或憤怒困住、無法前行時，笑一笑或許會讓我們有「沒什麼過不去的」感覺，甚至幫助我們找到克服困難的辦法。

有些人遇到工作或人際關係的煩心事時，會選擇看喜劇電影或綜藝節目來轉換心情，這正是透過笑來調整情緒。

學會讓自己暫時放下不愉快的事，是人生中重要的技能。擁有多種放鬆方式的人，也更有能力釋懷過去、積極面對生活。

無論面對多大的困難，笑一笑，心情便會豁然開朗

第
3
章

去除無謂的事物

讓心靈疲憊的，往往是我們自己

保持適度的距離，親疏有度

您是否也曾有過這樣的經驗：原以為和某人不合，聊過後才發現對方其實是個不錯的人？或是注意到自己不喜歡的人，其實也有可取之處？

O先生在三十多歲時，有位十分討厭的同事。那位同事喜歡出風頭，總是把業績攬在自己身上，讓O先生認為他是個「討厭鬼」。

後來，O先生換了工作。然而十年後，前同事邀請他參加一個新項目，而讓他意外的是，這個項目的成員中，正好有他曾經討厭的那位同事。不過，O先生還是接受了這份工作。

O先生的記性不太好，對當年那位同事的反感早已淡忘。雖然還記得過去發生的事情，但那股「討厭」的感覺已經消失了。

以前的夥伴問他：「你不是很不喜歡那個人嗎？怎麼還能跟他共事？」O先生回答：「他還是老樣子，愛出風頭，總想上媒體。但他工作能力很強，有很多值得學習的地方。我覺得可以接受他好的一面，和他合作。」

或許是O先生的心態比從前成熟了。我覺得，這種容易放下不愉快的人其實是有福氣的。

社會上有不少人，一旦討厭某人，就會記仇一輩子。若是遭受重大傷害，那倒無可厚非，但若僅是工作或友誼間產生的嫌隙，糾結於此並無益處。如果總是因為厭惡某人而刻意避開，反而會讓自己的生活圈逐漸縮小。

有位女性因為曾經被同學欺負，一直抗拒參加同學會。但這次是她最喜歡的老師的喜壽慶祝會，她最後還是勉強答應出席。

當年欺負她的同學，如今已成為一位略顯富態、有些威嚴的中年婦女，依舊活力十足。

這位昔日的「霸凌者」主動上前和她搭話：「以前總是拿妳開玩笑，還好妳沒有因為這些事就不來上學。」說著，還為她倒上一杯紅酒，接著又苦笑說：「我的小孩現在不肯上學，整天窩在家裡不出門。」

兩人聊得不多，但那短暫的一刻，這位女性看到了對方的故事，也看清了自己的內心。

她決定放下過去的陰影，從此積極參加同學會。她說，這不僅讓她拓展了交友圈，也讓自己的心境變得更加開闊。

正如空海所說：「心若昏暗，遇事皆禍；眼界清明，處處皆寶。」（出自《續遍照發揮性靈集補闕抄》）

心情低落時，所遇到的一切似乎都像災禍；而當心境明朗、眼界清澈時，所遇到的事物卻能化為寶藏。這句話的意思正是如此。

要遇見生命中的「寶藏」，我們需要學會放下過去的不快，保持一顆明亮的心和積極的視野。如此一來，不僅會迎來新的邂逅，也能發現更廣闊的世界。

不要因為抗拒而輕易選擇疏遠，不妨放下成見，敞開心扉

即使是家人，也不可能做到百分之百的理解

邁入中年後，多數人已不願意與人爭吵，因為那只會讓人感到疲憊。不過，有時候還是會不小心與人起衝突。有些人會說，正因為關係親近才會吵架，但與年輕時相比，還是有所不同——修復關係的精力已大不如前。

年輕時，常聽人說「越吵越親」。透過爭吵，反而能增進友誼；家人在爭吵中加深團結的故事，也時常出現在電視劇裡。但是，成年後的爭吵，更多是留下不愉快的記憶與揮之不去的悔意，甚至需要耗費更多時間才能平復自己的心情和狀態。

有兩位知名作家，年輕時爭吵不斷，到了晚年，表面上看似相處融洽，但據說他們「並未真正和解」。價值觀的根本分歧，即使隨著年歲增長，依然無法彌合。但在工作上，兩人仍會接受對談邀約，維持一定的合作關係。可以說，他們以適度的距離維繫了這段關係。或許，他們更願意將精力投入到工作中，而非浪費在永無休止的爭吵上。

這種「保持適當距離的相處之道」，正是中年與老年交友的關鍵。年輕時那種親密無間的相處方式，隨著年齡增長已不再合適。不妨記住「親密也需保持分寸」的道理，讓關係中多一份尊重與和諧。

親子間的爭吵同樣如此。隨著孩子步入社會，這些摩擦也應逐漸減少。有一位母親性格十分強勢，即使孩子已經長大成人，她依然喜歡插手干預，成為典型的「過度干涉型母親」。

兒子結婚後，母親經常到兒子夫婦的新居，提出各種建議。結果，雙方你一句我一句，話越說越重，最終引發一場激烈的爭吵。自那之後，母親與兒子一家幾乎斷了往來。

母親雖然有在反省，但修復彼此的關係仍需要時間。她長期以來根深蒂固的印象是，跟兒子吵完架後，事情總會按照她的想法發展。她甚至將自己與兒子的關係視作密不可分，彷彿兩人是一體。卻忘了，兒子早已是一個獨立的大人，有自己的生活和選擇。

其實，真正需要忘記的，是那種「一心同體」的想法。即使是自己的孩子，也應該以對待成年人的禮儀與之相處，尊重彼此的界線。

孩子成年後的親子爭吵，有時比想像中更難修復。父母可能心想：「沒有我，哪會有今天的你？」而孩子則可能憤憤不平：「全是因為你，我才一直忍氣吞聲。」這些深埋在內心的過往情緒，讓雙方更容易彼此碰撞，難以妥協。

家人之間即使共享著回憶，也常因為記憶的「錯位」而產生矛盾。

其實，家人之間更適合健忘一些。

「那件事？我早就忘了。」

「雖然發生過，但就別再放在心上了。」

用這樣的心態，將重心放在當下的親子關係上，以平等的姿態相待，保持適度的距離，才能讓相處更輕鬆自然。

君子之交淡如水，小人之交甘若醴

別讓自己一味扮演「好人」，浪費了寶貴的人生時光

有些人總是難以拒絕別人的請求，U先生正是其中之一。因為參加社區活動，他逐漸被委以各種職務，成為地區祭典的事務局負責人，還兼任公寓管理委員會的理事長。U先生為人和善，社區裡如果有老人病倒，他會親自探望；面對住戶的投訴，他也總是耐心處理。

或許是長期累積的疲勞終於顯現，他開始頻繁感到頭暈，去醫院檢查後，被診斷為梅尼爾氏症。醫生建議他必須徹底休養。於是，他辭去所有職務，選擇停下腳步，讓自己好好休息。

卸下職務後，U先生感慨地說：「少了我的努力，世界依然照常運轉。」儘管心裡有些失落，但時間變得寬裕後，他重新拾起了年輕時的興趣，例如看電影、讀書，慢慢找回屬於自己的生活樂趣。

我們常常在工作或社區活動中，被人際關係的浪潮推著走，不自覺地投入過多精力。忙碌雖然能帶來充實感和被需要的喜悅，但若不懂得適可而止，壓力就會悄悄累積，最終拖垮身體。

許多人直到生病時才驚覺，自己的身體早已發出警訊。而那些熱心又認真的人，更容易被壓力擊垮，甚至罹患憂鬱症。

即使身處義理人情逐漸淡薄的時代，仍有不少中老年人被傳統人情的框架束縛。以往在情人節，流行交換「公關巧克力」，收到後便不得不準備回禮，這種「義務往來」往往成為負擔。相比之下，現在的年輕人大多會將巧克力送給親密的朋友。義務式的人情減少了，不僅讓人更輕鬆，也讓關係變得更加純粹。

除了「公關巧克力」，各種「義務聚餐」同樣令人頭疼。有一位男性驚訝地說，他的部下拒絕參加聚會，還直言不諱地說：「如果這不是業務的一部分，那我就不去。」事實上，將義務性的應酬降到最低，挪出更多時間給自己，或許是中老年人值得學習的一種態度。

那些長期為公司或他人奔波忙碌的人，往往在因病或其他原因停下腳步時，頓失生活的重心，甚至陷入強烈的自我否定中。因此，學會適度放下義務性社交，把時間花在真正讓自己感到快樂和充實的事情上，不僅是改善生活的一種方式，也是為老後做好準備的重要一步。

別人並沒有你想像中那麼在意你的一舉一動

不必勉強自己與實在不合拍的人相處

日本歷史上被譽為「三筆」的書法大家中，有空海、嵯峨天皇和橘逸勢三人。

空海的《崔子玉座右銘斷簡》中有這樣一句話：「勿道他人之短，勿說己身之長。」意思是「不要揪著他人的短處不放，也不要炫耀自己的長處」，一個看似平凡但非常重要的道理。

這句話最初出自後漢時代的學者崔瑗，作為他的座右銘流傳至今。這樣一個簡單的道理之所以能成為古代學者的座右銘，大概是因為自古以來，人們一旦聚在一起，就難免談論他人的缺點或炫耀自己的優點吧。

開始在公務機關擔任年度約僱人員的T女士，對休息室的午休氣氛感到窒息。聚集在那裡的，都是跟她一樣的非正式職員，其中兩人格外顯眼，總是主導午餐時的談話。

這兩位職員習慣在午休期間大肆批評他人：「那個人根本沒能力工作」、「課長什麼都決定不了」。起初，T女士只是默默聽著，甚至認同這些話，心想：「原來是這樣啊。」

但隨著時間推移，她漸漸發現不對勁：「那些人其實沒那麼糟糕吧。」午休的休息室似乎成了靠批評他人來強化彼此連結的場所。然而，這種氛圍也帶來了負面影響。一位經常被嫌沒用的職員，最終因為心理壓力過大，罹患憂鬱症，不得不請假休養。

這讓T女士回想起中學時的一段經歷。當時，班上有位女生帶頭批評另一名同學，並拉攏其他人加入排擠行列。雖然T女士沒有親口說出那些批評的話，但她選擇待在領袖的小圈子裡，成了旁觀者與默許者。而那位被排擠的同學，最終拒絕來學校上課。

回想起當時情景，T女士再也無法踏進休息室。每次試圖走進去，便感到一陣反胃與不適。最終，她選擇避開那裡，改在自己的座位上獨自用餐。然而，這樣的舉動卻讓她成為新的霸凌對象。

隨著身心狀況逐漸惡化，T女士不得不提前辭去年度約僱人員的職位。

有時，人們確實會透過批評他人來形成短暫的團結。從古至今，惡語中傷在人際關係中展現出強大的凝聚力，但這樣建立的連結，注定缺乏深度與發展性。

如果一個人只能靠說壞話來維持地位，那麼隨著時間推移，身邊的人最終還是會一個接一個地離去。

我們也應該把「勿道他人之短，勿說己身之長」奉為座右銘，提醒自己避免批評他人。

空海還曾說過：

「短處即是長處，長處即是短處。」「人既無短處，也無長處，一切皆為虛空。」（出自《秘藏寶鑰》）

在勸戒我們不說他人短處的同時，空海似乎也在提醒我們，不要以單一的角度看待一個人，而是應該以多面的視角去理解，不隨意給人貼上標籤。

如果無法斷絕來往，不妨與對方保持心靈上的距離

逃避絕非壞事

某大型醫院的一名護理師因罹患憂鬱症而不得不休職。總護理長N女士因未能及時察覺部下身心狀況的異樣，深深自責。

得知部下休職時，N女士的第一反應是：「如果她辭職了該怎麼辦？這下可糟了。」這名護理師不僅專業能力出色，為人誠懇，深得同事信任與敬重，是護理團隊的核心支柱。

然而，某一天，N女士突然意識到，她的這些想法可能正是造成部下壓力的來源。「如果她離開了，我該怎麼辦」、「我實在太依賴她了」，這些念頭實質上是對部下的一種過度依賴，也無形中給對方增加了沉重的心理負擔。

或許那名護理師正是感受到這些期望，才竭力迎合，最終壓力爆發。

N女士應該對她說：「好好休養，為了自己，走出屬於你的人生。」

即使在外人看來，那可能是一個不錯的職場，但她罹患憂鬱症的原因，或許正是因為那個環境並不適合她。那些來自外界的期待與讚美，看似肯定，卻可能在無形中成為壓力，讓她難以自在地做自己。

疾病往往是人生的轉捩點，它迫使我們停下腳步，重新審視自己。空海曾說過「背暗向明」（出自《遍照發揮性靈集》），這句話的含義是：在人生的各種境遇中，要背對黑暗，專注尋找光明。

後悔、不甘心、優越感，這些情緒就該留在「黑暗」中，我們只需果斷轉身離開。人生的智慧就在於適時撤退，逃離反而是一種勝利。

我們從小被教育「不能逃避不喜歡的事情」。咬牙面對討厭的課業，終於踏入社會謀得一職。儘管覺得「似乎有哪裡不對勁」，卻仍強迫自己面對，選擇留下。這樣的思維，往往成為我們掙脫不開的枷鎖。

憂鬱症康復後，這位護理師選擇從事訪視護理的工作。她與少數幾位同事合作，細緻地照顧每位患者。或許，大型醫院的工作環境並不適合她。有人能在大機構中發揮所長，也有人更適合在小團隊裡工作，各有不同。

我希望她能放下外界的期待，朝著能活出自我價值的光明方向前進。

有些不必要的事情，就讓它隨風而去吧。
唯有學會放下，才能擁抱全新的收穫

只是潛藏於內心的可能性尚未被挖掘出來而已

「自己根本沒有任何價值。」這是處於憂鬱狀態的人經常說的話。當他們說「我的人生毫無價值」、「我這樣的人活著也沒有意義」時，這裡所說的「價值」究竟指的是什麼呢？

翻閱《廣辭苑》對「價值」的解釋，其中提到：「事物有助於實現某種目的的性質或程度」、「價值、效用」，在哲學的專門用語中則表述為「被認為是『好』的特性」。

當患者說「自己沒有價值」時，這其中往往隱含著一種「我無法發揮任何作用」的嘆息。在無法工作、情緒低落的時期，出現這種想法並不難理解。

那麼，究竟是對誰而言「沒有價值」、「沒有用」呢？你真的打從心底覺得自己毫無價值嗎？

其實，我們最害怕的是，別人，尤其是社會如何看待我們——害怕被貼上「無用」、「無價值」的標籤。

人類天生在意他人對自己的看法，這是無法避免的。

那麼，人的價值究竟是由什麼來決定的呢？是擁有金錢、權力，還是因為心地善良，或做了一些看似有意義的工作？這些價值判斷多半來自於與他人的比較。「我沒有價值」這樣的想法，其實是對自己在世人眼中的評價過於在意而產生的結果。

奧地利精神病學家，也是納粹大屠殺的倖存者維克多・弗蘭克（**Viktor Frankl**）在自傳式著作《向生命說 Yes》（*Man's Search for Meaning*）中，提到一句非常著名的話：「問題並不在於我們還能從人生中期待什麼，而在於人生對我們期待什麼。」這句話是對那些在集中營中因絕望而覺得「我的人生已無可期待」的人說的。人生其實在向你提問：「你準備如何去活出自己的人生？」

價值的問題也是如此。不是「我沒有價值」，而是「價值」本身似乎在對你說：「你會找到什麼樣的價值呢？」

這裡我想介紹我非常喜歡的宮澤賢治的童話《虔十公園林》。故事中的虔十是一位帶有輕微智能障礙的孩子，儘管被其他孩子嘲笑，但他的家人始終珍愛並細心地養育他。

虔十從不任性，但有一天，他提出了一個唯一的請求：「請幫我買七百棵杉樹苗。」家人滿足了他的願望，買來了樹苗。虔十用心地將這些樹苗整齊地種下，並細心地照料它們。雖然期間受到一些惡意的騷擾，但虔十始終守護著這片小樹林。

後來，虔十去世了，村子逐漸發展成了城鎮。一位著名的博士返回故鄉，看到這片樹林的壯觀景象，深受感動，於是提議將其建成公園。「真不知道誰睿智，誰不睿智。」博士如此說道。

人的價值是無法以外界的標準來衡量的。我們每個人的價值，都是自己創造出來的。

那些世俗的眼光，不如就此放下吧。

遵循自己的價值觀，而非迎合世俗的期待，才能活得更加自由和快樂

你可以感同身受，但要適度克制關懷

一位熟人向我求助，說她有個朋友陷入憂鬱狀態，情緒低落，她很想為朋友做點什麼。她考慮是否帶些朋友喜歡的小點心上門探望。

我回答她：「暫時先不要打擾可能比較好。」因為朋友可能沒有足夠的精力與人見面，甚至可能連食欲都沒有。

熟人聽後表示反對：「如果大家都不聯絡她，沒人去看她，她會不會覺得自己被拋棄了？我只是想去鼓勵她，給她打打氣。」她這樣說道。

她的心情我完全能理解。這位熟人本身就是個熱情開朗的人，總是願意為他人付出，這也是她最吸引人的特質。

然而，我還是建議她：「或許妳可以發個訊息跟她說：等妳心情好些，想聊天時記得聯絡我，我們可以一起喝杯茶。」像這樣簡單地表達就夠了。讓朋友知道你在乎她並願意等候，這本身就已經是一種支持。

經歷過憂鬱狀態的人應該能體會，有時在情緒低落時，最不想聽到的就是那些充滿活力的聲音。

如今大家已經普遍知道，對憂鬱狀態的人來說，鼓勵性的話語是禁忌，所以大多數人應該不會再說「加油」這樣的話了。

不過，光是與「存在」本身就朝氣蓬勃的人交談，也可能讓人不由自主地感受到一種暗示：「你應該振作起來。」

或許有人會認為，如果世上少了熱心幫助的行為，這個世界會變得冷漠無情。然而，熱心過度，有時可能變成一種壓迫感。

這種熱心未必真的是為對方著想，更像是一種將自己的意願強加於人的行為。

很多時候，這樣的「關心」更像是在滿足自己的情感需求，而非真正設身處地替對方考慮。

這種熱心過度的行為，往往會引發失望，甚至滋生怨懟：「我已經為你做了這麼多，你怎麼還不領情？」因此，我們需要對這類熱心保持克制，避免讓善意演變成負擔。

美國歌手卡洛爾．金（Carole King）在他著名的〈You've Got a Friend〉中唱道：「當你感到落寞，只要呼喚我的名字，無論我在哪裡，我都會飛奔而來。」

這才是理想的關懷姿態：不需過度干涉，只需傳遞一個訊息——無論何時，我都在意你，也願意為你而來。

輕率的干涉並不會受到歡迎，有時甚至可能帶來反效果

人終究無法孤身一人

讓我們重新思考一種不同於「過度熱心」的理想人際關係。

隨著年齡增長，人們常說「老年容易感到孤獨，因此需要與人交流」。然而，過於親密的關係往往會讓人感到疲憊。理想的關係應該是保持適當距離，卻又能在需要時彼此提供幫助的互動模式，這種關係被稱為「社會支持（Social Support）」。

社會支持可以分為三種類型：

①情緒性支持

這是一種能讓人心情放鬆的關係。在情緒低落的時候，和這樣的人相處不會感到壓力，反而會覺得安心。即使一起待著什麼也不做，也能給彼此帶來些許安慰。

②實際性支持

這是指在你需要幫助時，提供實際協助的人。例如，當你生病時願意來探望，或陪你去醫院，甚至在你行動不便時幫忙處理生活瑣事。

例如，有位熟人在感染新冠病毒時，請住在同一棟公寓的朋友幫忙採買。她透過 LINE 傳訊告訴對方需要的物品，對方買好後將東西放在門口，並附上收據。等她康復後再將費用還給對方。這類支持通常需要住得比較近、行動方便的人提供，才能發揮最大的作用。

③情報性支持

這是指能為你提供各種實用資訊的人，例如熟悉當地優良的醫院、店家或其他生活資源的人。

上了年紀，長者往往因為與外界的接觸減少，容易脫離情報來源。如果長期待在家中，只依賴電視或網絡來獲取資訊，與社區的連結便會逐漸減弱，甚至可能影響生活的豐富性。

這種支持系統的劃分在家庭內同樣適用。

有一位女性分享，她的家庭支持網絡如下：丈夫負責車輛接送和協助家務，提供實際性的支持；兒子則負責幫忙操作手機，或分享流行的電影資訊，屬於情報性支持；而最讓她感到心情放鬆、可以無所不談的人，是住在遠方的女兒。將支持角色明確區分後，家庭關係變得更加和諧。

試想，如果要求與自己同住的丈夫同時提供三種支持，可能會令他感到力不從心，而妻子也因此對丈夫產生不滿，覺得他「不夠有用」。與其把所有支持的責任強加於一人，不如將需求分散，這樣既能減輕彼此的壓力，也能保持健康的相處距離。

除了家人之外，將社會支持的範圍拓展至其他人際關係，也能為老年生活提供助力。我認識的一位G女士，獨自照顧需要長期看護的丈夫。他們沒有孩子，是典型的老老照護，但她依然通過多方支持，讓生活多了一些輕鬆。

丈夫需要定期看診時，她的一位友人住在醫院附近，每次回診，會一早幫忙排隊掛號。而負責協助的照護專員對周邊的資源瞭若指掌，經常推薦像「某家熟食非常美味」或「這間耳鼻科口碑很好」等實用資訊。

當丈夫被送去日間看護時，G女士則會前往她光顧了三十年的美容院，讓熟悉的美容師整理頭髮，並愉快地閒聊一番。這些短暫而溫馨的時光，讓她彷彿重拾了生活的活力。G女士在不同地方建立了多樣化的情緒性支持，為自己的心靈找到歇息的港灣，也讓日常的壓力得到了釋放與調適。

在福祉領域中，「社會支持」又被稱為「社會資源」，通常分為兩類：「正式資源」與「非正式資源」。正式資源是由政府或相關機構提供的公共服務，只需通過諮詢即可獲得。而非正式資源則是建立在長期的相處和互動之上的私人關係，例如朋友、鄰里，或者那些你常常光顧的店家。為了避免未來陷入孤立，從現在開始有意識地培養這些私人支持系統至關重要。溫暖而真摯的人際連結，才是維持幸福生活的基石。

別忘了對那些最親近且默默為你付出的人，真誠地表達感謝

傾聽他人意見很重要，但不必全盤接受

人際交往中，細心與溫柔是不可或缺的，這一點應該時刻銘記於心。

W女士是一個對人際互動特別敏感的人，她經常因為熟人的一些話語而感到沮喪。這位熟人與她同屬一個行業，孩子的年齡也相仿，兩人在工作場合中時常相談甚歡。然而，對方偶爾的否定性言論，總讓W女士耿耿於懷。

比如，有一次W女士提到：「我現在每天走一萬步，不然天天坐在電腦前，都沒有運動。」熟人秒回說：「走太多會傷膝蓋喔！我阿姨每天走一萬步，結果膝蓋都壞了。」甚至補充：「她現在連正常活動都不行了呢。」

W女士心想：「你的阿姨已經八十多歲了，我才剛五十出頭耶。」但表面上，她還是選擇笑笑帶過：「可能走太多也不太好吧。」

還有一次，W女士分享：「我同事的兒子考上一所名校，真的很厲害！」對方卻回應：「可是，聽說有些小孩進了這種學校反而壓力太大，結果無法適應，最後沒辦法上學。」

即使如此，W女士仍然認為這位熟人「本性不壞」。對方工作表現優秀，人緣也很好。但每次聊天之後，W女士總覺得心情低落，忍不住多想：「她說這些否定的話，是原本個性就這樣，還是根本就不喜歡我？」

我建議W女士，不要每句話都當真，並與這位熟人適當保持距離。確實有一些人，習慣用負面的言語回應他人，比如：「我想辭職創業。」明明還沒了解詳細，就說：「別做這種事，肯定會失敗。」或是跟對方說：「我有小孩了。」第一反應卻是：「養小孩真的很辛苦喔。」這類人往往會讓對話充滿壓力，為了自己的精神健康，最好儘量少與他們接觸。

在對話中，與其打擊對方的熱情，不如表達支持與讚美，例如：

「每天散步真不錯，我也應該多走走。」

「考上名校，真的很了不起！」

「創業太棒了，我支持你！」

「有小孩了？恭喜！」

這些話語或許有些輕率，卻能傳遞正面的能量。畢竟，這些選擇屬於他們自己，我們沒有理由用自己的話語去澆熄他們的熱情。

消極的話語就像荊棘，會刺傷人際關係中的柔軟部分，甚至造成裂痕。我們需要提醒自己，避免以負面的語氣進行對話。

這裡不妨回想空海的教誨：「慈悲為本，利他為先。」意思是，懷有慈愛之心，行為以造福他人為優先。這樣的人自然會吸引他人，也會贏得他人的喜愛。

言語也是如此。重要的是學會設身處地，與他人一同分享喜悅與悲傷，並用溫柔的話語帶給人勇氣。

一句話一旦出口，就再也無法收回

建立良好的人際關係，從「傾聽對方的話」開始

有關「傾聽」與「傾聽力」的書籍多不勝數。大家都明白，傾聽力能改善人際關係，在商務往來也極為重要。然而，真正具備良好傾聽能力的人似乎並不多。

我們往往更想講述自己的事情，這源於內在的自我認同需求。關於子女、旅行、美食，或其他種種想要分享的內容，我們總有說不完的話。社群軟體上充滿了附上照片的快樂分享，但人類似乎不僅僅滿足於此。與活生生的人交流，獲得即時反應，更能讓人感到愉悅。而對方也是如此。

當一群人聚在一起時，每個人都希望自己能被傾聽，卻導致對話變成各說各話的單向交流。

在一對一的對話中，通常更擅長掌控話題的一方會滔滔不絕，而性格較為內斂的一方則往往成為聆聽者。

如果這種情況長期持續，內斂的一方可能會感到疲憊，甚至選擇疏遠對方，最終可能失去一位珍貴的朋友。

為避免這種情況，我的建議是，當你很想分享自己的故事時，試著轉換成提問。

例如，你可能很想分享女兒進入大企業後努力工作的那份自豪感，但不妨按捺住，先問對方：「你兒子最近怎麼樣？」

當對方開始談論孩子的近況時，你要帶著讚賞的態度傾聽。如果對方開始訴苦，比如：「孩子辭職了，完全不顧父母的擔心。」這時，請接納並同理對方的感受。

通常，等對方傾訴一輪後，會反過來問你：「你家小孩最近怎麼樣？」此時，你可以簡單地分享一些開心的事。

但若對方明顯在為孩子煩惱，就應該避免過度炫耀，甚至可以說些緩和氣氛的話，例如：「現在的年輕人想法真是讓人摸不透啊。」這樣能避免對方因比較而更加沮喪。

「傾聽」並不等於一味忍受對方的長篇大論，而是要對對方產生興趣。即使是看似無聊的閒談，往往也隱藏著對方的真實情感。透過提問了解對方的處境，才能更好地調整自己的回應方式。同時，提問本身也會讓對方感到被重視，進而產生滿足感。

換句話說，「傾聽的能力」其實也包括「提問的能力」。

試著放下自己的故事，專注於從對方那裡引出有趣的話題。這是一種相互交流的藝術。

成熟的人際交往中，應以承認對方的價值為先，然後再表達自己，實現「給予與接受」的良性循環。

過多的話語，往往會讓我們偏離真實的情感

第4章

跳脫「應該如何」的束縛

答案絕不只有一種

不要用「應該如何」來強加自己的觀點

每個人都有自己的堅持與習慣。例如，有人認為「辦公桌雜亂的人無法做好工作」，也有人覺得「太整齊反而無法專心工作」。兩種看法看似矛盾，但我認識的這兩類人都在各自的工作領域表現優秀。

擁有堅持並非壞事，但不好的地方在於將自己的堅持強加於他人。

在日常生活中，小小的衝突往往源於生活習慣的不同，尤其當兩個來自不同家庭背景的人開始共同生活時，這種情況更為常見。比如曬衣服的方式、上菜的方式、洗碗的時機——有人喜歡馬上洗，有人習慣事後慢慢處理。如果雙方都堅持「必須這樣做才對」，那麼共同生活就會變得困難。妥協與調和，是維持和諧生活的關鍵。

如果能以「每個人都有自己的方式嘛」這樣的態度看待生活，就能輕鬆放下自己根深蒂固的習慣，進而開創新的生活方式。

認為自己的方法是唯一正確的，未免太過狹隘。事實上，每個人都有自己的堅持，而這些堅持大多各不相同。有時，觀察他人的方式，甚至可能帶來意想不到的啟發。

當你對某件事過於執著時，不妨試著從更高的角度審視自己。換個更大的視野來看，也許會發現，那些堅持其實並非那麼重要。

在某家公司，新人員工有一項傳統任務：需要提前三十分鐘到公司打掃與倒垃圾。一位剛入職的新人卻提出疑問：「這算是工作內容嗎？」他的意思是，這段時間是否應該計算工資。

部門主任C先生解釋說：「這不是工資的問題，這是新人應有的態度。」然而，新人直言：「如果是義務性的，那我會按照合約，九點準時上班。」

C先生感嘆：「我當新人時可是提前一小時來，連菸灰缸都要洗。」接著忍不住抱怨：「現在的年輕人啊……。」

聽到這件事後，所長召集大家討論，是否應該保留晨間清掃的慣例。一些人認為：「現在不是單純沿襲舊時做法的時代了。」討論的結果是，改為九點準時上班後，全體員工花十分鐘打掃各自的工作區域，自己的垃圾由自己清理，這本來就是理所當然的事。

C先生一開始很不是滋味，覺得這種改變否定了他過去三十年的堅持，甚至感覺自己也受到否定。然而，隨著新制度逐步推行，他漸漸接受了這樣的改變，甚至認為「這樣也挺不錯的」。

有堅持並不是壞事，但若把自己的堅持視為「非如此不可」，就可能錯失探索新世界的機會。那些長期以來遵循的慣例，或許早已成為一種習慣性的惰性。嘗試接受新的方法或他人的做法，可能會為你的生活帶來新的變化與契機。

當你發現他人和你有不同的方式或想法時，不妨以開放的態度接納：「原來還可以這樣！」這種心態能幫助你放下自我的堅持，還能拓展視野，讓你的世界更加寬廣。

不要總是以「非黑即白」、「非對即錯」的方式看待事物

不要用有色眼鏡看待他人

有位名叫Ｊ先生、剛滿四十歲的男性，是個非常注重時尚的人。他一直對自己的穿著很講究，尤其是鞋子。

不過，時隔許久再見到他，我發現他的氣質變了許多。

Ｊ先生提到，他從年輕時就非常喜歡時尚，經常翻閱雜誌和書籍學習。在那些時尚指南中，有一條法則總被反覆強調：「人們會先看你的鞋子，所以一定要穿好鞋。」Ｊ先生深以為然，始終穿著昂貴的品牌鞋，從不穿老舊的鞋子。因為信奉這個理念，他不自覺地養成觀察別人鞋子的習慣，看到別人穿舊鞋甚至會皺起眉頭。

後來，J先生因工作前往巴黎，這座被譽為時尚之都的城市。他在工作中接觸了許多人，驚訝地發現，許多當地人竟然穿著磨損的鞋子出席，甚至在商務場合也是隨性的打扮，鞋子上滿是使用痕跡。

一開始，J先生以為自己被對方輕視了。但很快他意識到，這其實是當地人普通的穿衣風格。即便是昂貴的品牌鞋，他們也會修修補補，一直穿到不能再穿為止。在正式場合他們可能會打扮得光鮮亮麗，但日常工作時，隨性舒適才是主流。

這段經歷讓J先生開始懷疑那些過去奉為圭臬的日本時尚與商務指南。他意識到，也許穿得隨性一些、使用舊物並非壞事，反而能更輕鬆自然地展現自我。

這次經歷也改變了J先生看待他人的方式。他反省自己過去總是因為別人穿著磨損的鞋子或過時的外套，就下意識地認為對方「能力不足」。這讓他驚覺，自己一直以外表來評斷他人。

他還意識到，外表光鮮亮麗的人，內在可能一片空虛。而他自己，過去也可能是這樣的一員，這令他感到不舒服。

如今，J先生決心放下過去的價值觀，建立屬於自己的全新時尚風格與人生哲學。

事實上，我們經常給別人貼標籤：「那個人是東大畢業的，一定很難親近」、「獨生子女就是任性」、「外國人怎麼可能懂日本文化」。但現實中，東大的畢業生也各有不同的性格，獨生子女不見得就任性，外國人也可能比日本人更了解日本的語言與文化。

同樣地，如果我們因為自己的國籍而被外國人貼標籤，內心多半也會感到不快，甚至抗拒：「請不要把我和其他人混為一談。」這種感受是共通的。

標籤化思維不僅會縮小我們的視野，還會削弱我們的思考能力。當我們習慣於用標籤看待世界時，大腦的靈活性就會慢慢減退，變得僵化。

再一次強調，大腦最喜歡的事情是保持好奇心和進行思考。讓我們以清澈的心靈和眼睛去看待他人與世界吧。這不僅能開闊心胸，也是預防失智症的重要方式之一。

沒有誰的價值觀是絕對正確的，也沒有誰的觀點可以涵蓋所有真理

不比較、不競爭、不以勝負論成敗

空海曾說過：「嫉妒之心源於彼我之別，若能忘卻彼我之別，便可見到平等的一如。」（《金剛般若經開題》）這句話的意思是，嫉妒源於比較他人與自己的不同，若能意識到大家都是同樣的人，就能消解嫉妒之心。

然而，說到底，與他人比較是人類的天性之一。

在《舊約聖經．創世記》中，夏娃被逐出伊甸園後生下了該隱與亞伯。有一天，兩兄弟向神獻上祭品，然而神只垂顧了弟弟亞伯的供品，卻忽視了該隱的供品。該隱因此嫉妒，最終殺死了弟弟亞伯。人類的歷史剛剛開始，《聖經》便向我們揭示了嫉妒與殺戮的悲劇。

如果該隱當時能平靜地想：「今天神選擇了亞伯，也許有一天神也會垂顧我。」那麼悲劇或許就能避免。但正是因為他無法釋懷，才導致了一連串的悲劇。

從《舊約聖經》到《新約聖經》，因嫉妒引發的悲劇屢見不鮮。正因如此，基督教、佛教，以及空海等許多宗教家不斷提倡教義，幫助人們超越這種人性中的弱點。

值得注意的是，我們通常不會嫉妒那些和自己差距懸殊的人。例如，世界首富比爾・蓋茲，或是大聯盟棒球選手大谷翔平，大多數人只會以欽佩或支持的態度看待他們，而非嫉妒。嫉妒往往發生在與自己處於同一層級或相似圈子中的人之間。當我們看到某個同事比自己更受器重，或朋友被更高層的人喜愛時，嫉妒心便油然而生。

嫉妒若轉化為背後說人閒話，甚至散播惡意，最終只會讓自己的內心受到腐蝕。

說閒話時或許會讓人感到一時的爽快，比如隨口一句：「他不過是很會拍馬屁罷了。」雖然當下可能讓你覺得舒坦，但這種行為其實會損害自己的品格，而惡語最終也會反彈到自己身上。

化解嫉妒的方法，就是珍惜當下的生活。記住，你是你，別人是別人。

作為醫生，我看見每個家庭都或多或少有自己的問題或陰影。即便是看起來很有錢的家庭，也可能面臨家庭不和或疾病的困擾。正如空海所言，我們每個人都是平等的，同樣承受著自己的痛苦與悲傷。

事實上，其他人是否真的幸福，我們是無法確定的。

與其被別人的生活擾亂內心，不如專注於活好自己的生活。

試著發掘每天生活中的美好事物。像是一朵盛開在路邊的花、晴朗的天空、在醫院幫助了一位迷路的長者，或是買到了一些新鮮的當季蔬菜。每天總會有一些值得高興的事。

就算今天還有一些未完成的事情，也不要耿耿於懷。先讚美自己：「今天這一天過得不錯！」感謝自己努力活過這一天。漸漸地，你會發現，自己根本沒時間去嫉妒別人。

那些對你不重要的事，根本不值得掛心

用心溝通，話語才能直達人心

是否有一些事情，至今仍讓你放不下呢？

也許只需你的一次主動，就能改變這種局面。

有一位L女士，因與鄰居關係疏離而感到苦惱。

事情的起因是她家院子裡的一棵柿子樹長得太高，影響了隔壁房子的採光。當時並不是鄰居本人提起這件事，而是負責出售該房子的房地產經紀人對L女士說：「看房的人都覺得這棵樹擋住了陽光。」

這棵柿子樹對L女士意義非凡，因為它是她母親親手種下的。雖然是澀柿，但經常被用來製作乾柿子。也因為這段深厚的情感，L女士堅決不願砍掉它。

搬進來的鄰居是一對年輕夫婦，後來生了孩子。三年來，L女士與鄰居之間只有偶爾擦肩而過的點頭示意，幾乎沒有任何交談。

某個陽光明媚的日子，L女士正在院子裡除草，突然聽到鄰居家傳來孩子的笑聲。這時，鄰居的女主人主動跟她搭話：「你們家柿子結得好多！」

L女士下意識地回了一句帶刺的話：「沒砍掉這棵樹，真是對不起你們了。」鄰居的女主人卻說：「砍掉？不要吧！我很喜歡這棵樹呢。」

這句話讓L女士當場愣住了。

L女士驚訝地問：「可是我聽說，這棵樹影響了採光，你們希望砍掉它。」

鄰居解釋道：「當時看房的時候，我丈夫確實說過陽光可能會被擋住，但後來我們發現，夏天有些樹蔭其實很好。真不好意思，沒想到妳一直在意這件事。」

聽到這番話，L女士突然覺得，自己因為這棵樹而暗自糾結了三年實在不值得。

於是，她也坦率地道歉：「我也有錯，明知道這棵樹可能會造成困擾，卻一直不肯讓步，真的很抱歉。」

她還向鄰居分享了這棵樹對她的意義，說這是母親的遺物，蘊藏著許多回憶。

從那以後，鄰居的女主人每年都會幫L女士摘柿子，因為L女士年紀大了，爬高變得很吃力。兩人還會一起製作柿子乾，關係越來越融洽。

回想起這段經歷，L女士不禁感慨：「其實，要是當初我早點主動去道歉並解釋清楚，早就能解開這個心結，也不用煩惱這麼多年了。」

生活中，許多人可能因為一些小小的誤解而心存芥蒂，讓情感的隔閡持續多年。

即便你認為自己沒錯，也不妨試著主動道歉並解釋清楚。這樣不僅能幫助自己放下心結，也能促進彼此的理解。許多事情，只要說開了，就能迎刃而解。

「謝謝」與「對不起」是拉近人際距離的橋樑

朋友多就一定是好事嗎？這種觀念是否已經深植於你的心中？

社會上常常用一種同情的眼光看待獨居的高齡者，認為他們「可憐」或「一定很孤單」。媒體報導中也時常出現類似的評論。

然而，根據調查，日本高齡者的自殺率中，與家人同住的比例竟然高於獨居者。事實上，有時與家人同住，比獨自生活更能讓人感到孤獨。

因此，我們應該打破「獨居高齡者必然孤單」的刻板印象了。

有些人照顧伴侶直到對方過世後，反而開始享受屬於自己的自由時光。

雖然「孤獨」、「孤立」等詞常被用來引發恐慌，但其實有不少高齡者，縱使沒有豐厚的財力，仍過著充實自在的獨居生活。

有人擔心：「老了以後會害怕孤獨。」但其實，孤不孤獨，並不是別人能替你下定義的。你可以試著與孤獨做朋友，培養和諧相處的心態。

要學會與孤獨相處，好奇心是最好的武器。

我認識一位因病無法外出的獨居高齡者，他的興趣是看大河劇和相撲。每年，他都會研究大河劇主題中的歷史時代，對相撲也非常瞭解。

他笑著說：「我每週都有幾部期待的節目，光是等待它們就讓日子充滿樂趣。而且現在還能用串流服務回看以前的大河劇，看都看不完呢！」

從外人的角度看，他是個生病又獨居的老人，或許令人感到「可憐」，但他本人卻過得興致盎然。

當然，他偶爾也會感到寂寞，但世界上真的會有完全不寂寞的人生嗎？

一個完全感受不到寂寞的人，未免顯得太過無趣。正因為我們會感到寂寞，才會欣賞月光的美，從蟲鳴中體會詩意。

寂寞並不是壞事，它能催生感性。

然而，為了避免陷入極端的孤立，我們還是應該主動建立一些聯繫，例如與鄰里保持互動、參加社團活動，或是利用照護服務。與人保持適度的連結，是必要的準備。

孤獨，是讓你充實自我的珍貴時光

爲了「被認可」而努力，終究無法通往幸福

年輕時，我們總是容易得到讚美。

即使簡報做得普普通通，上司也會用鼓勵的語氣說：「還不錯哦！」

穿上新衣服時，旁人會稱讚一句：「這衣服真好看。」

做了美味的料理，孩子們則會興奮地說：「真好吃！」

可是，隨著年齡增長，這些讚美的時刻變得越來越少。工作表現被視為理所當然，家務做得好也不足以引起注意。年紀增長，也就意味著身邊的年輕人越來越多，但他們不太會隨意說出：「今天的衣服很漂亮呢。」

因為這個階段的我們，已經從「被讚美的對象」，轉變為「讚美他人、引導後輩成長的人」。也因此，外界的認可不再像以前那樣頻繁。

但人就是渴望被認可。當我們期待讚美而未能如願時，往往會忍不住開始炫耀。例如，為了聽到一句「你好厲害」，談起過去的輝煌成就；或者，透過穿戴昂貴的服飾和手錶吸引注意，期待別人讚嘆一句：「這手錶真棒啊！」這些行為看似無傷大雅，卻反映了我們對外界認可的依賴。

渴望被認可並不是壞事，這是人性的自然表現。然而，若將自己的價值完全建立在他人的評價之上，就可能迷失自我，甚至對他人的言語產生依賴，最終連自己真正想要的是什麼都弄不清楚。

我曾遇過一位購物成癮的女性。她將購買昂貴服裝視為生活的全部，幾乎把薪水全數花在衣物上。

她坦言，真正讓她上癮的並不是衣服本身，而是來自店員和同事那一句「好好看！」的讚美。最終，她因無法控制開銷而破產，接受治療後，她幾乎不再頻繁購物了。現在，她熱衷於在社交媒體上分享照片，似乎找到了新的興趣所在。

依賴的本質，是某種行為會引發多巴胺作用於中樞神經，讓人感受到強烈的喜悅與興奮。這種反應和賭博等其他成癮行為有著相同的原理。

一旦體驗過這種快感，人就會反覆重複該行為，試圖再次獲得同樣的快樂，最終陷入依賴的循環中。

即使成功戒掉購物成癮，這位女性依然傾向於從他人的言語和社交媒體的「點讚」中尋求認可。

這種行為表現出她仍在依賴外界的評價來滿足自己。

我們每個人都渴望從不同層面獲得認同，比如希望贏得競爭、得到別人的肯定，或讓他人注意到自己的存在。但最重要的是，我們需要擁有內心的「自我核心」。

唯有自己認可自己，才能避免陷入依賴的陷阱。

無論多努力地擦亮「多面體的鏡子」（指外在形象或外界評價），如果內心的核心感到孤獨和空虛，就難以獲得真正的滿足。

我們渴望被讚美，但在此之前，應該先打磨內心的核心，學會善待自己，並探尋那些能夠真正充實自我的事物。

為了建立穩固的自我，請試著發掘更多讓你感到熱愛的事物，而不是單一地依賴某一種興趣。例如，有時玩玩賽馬，有時徜徉於登山或旅行；對服裝懷抱興趣的同時，也對藝術和電影充滿熱愛；既享受社交媒體的互動，又能從閱讀中汲取充實感。

將這些多樣化的喜好填滿「自我認同的多面體」，你會發現自己逐漸擺脫對外界認可的渴求。

我們應該追求的是自己認可的生活，而非活在他人的目光下。

最重要的是，擁有一個穩固、不易被動搖的自我

找到讓自己全心投入的事物，停止大腦的負面運作

你是否聽說過「韌性（resilience）」這個詞？在心理學中，它的意思是「復原力」或「回復力」。

可以想像一下，一根樹枝上積滿了雪，似乎快要折斷。但樹枝柔韌地承受住雪的重量，輕輕一甩，恢復原狀。

這種像樹枝般的心理復原力，就是韌性。

在網路上搜索「韌性」，會發現它近來被廣泛應用於商業領域。例如，

有些培訓課程強調如何通過提升韌性來應對壓力。

韌性最初受到關注，是因針對重大災害後精神受創人群的研究。

有些人在巨大壓力下會發展為創傷後壓力症候群（PTSD），而另一些人則能逐漸恢復，雖未痊癒，但並未發展為病態。研究表明，後者擁有某種心理回復力。

韌性與個人的未來導向思維密切相關，即相信「我能克服眼前的不幸」，並付諸行動。

但並非所有人都具備這種力量。例如，目睹家人去世或生活無法重建的人，可能會陷入深深的悲痛和迷茫。此時，外界的支持和人際聯繫對於培養韌性尤為重要。

災難帶來的壓力與傷痛並不容易抹去，我們也無法輕易地說出「忘掉吧」之類的話。但請相信自己擁有復原的力量，這種信念將帶給我們繼續前行的勇氣。

經歷真摯的悲傷後，總會有重新站起來的時刻。

暫時忘卻痛苦的好方法，或許是專注於眼前的工作。

曾有一位女性分享她在災害後的經歷。海嘯摧毀了她的家園，她在避難所裡茫然地坐著，彷彿失去了所有希望。直到有一天，行政人員請她幫忙準備避難所的伙食。

起初，她拒絕了，因為她感覺自己連一點力氣都沒有。但後來，她注意到避難所裡的老人需要幫助，而人手明顯不足。於是，她開始協助切菜、煮豬肉湯和捏飯糰。

在忙碌的過程中，這位女性逐漸感受到「自己能活下去」。

隨著精神狀態的好轉，她開始為避難所的運作提出建議，並在重建家園後持續參與志願服務。

全力專注於眼前的事，是培養韌性的起點。它讓我們明白，即使身陷困境，我們依然可以重新找回生活的意義。

不要因為對結果的擔憂，而遲疑不前

用心對待眼前的每一件事，踏實地活下去

曾經營青森縣「森林伊斯基亞[1]」的佐藤初女女士說過：「我最討厭『麻煩』這個詞。」

她在《初女女士的料理》（初女さんのお料理）一書中，提到一次失敗的經歷。

---

1 「森のイスキア」是日本青森縣的一個療癒與飲食活動中心，由已故的佐藤初女女士（一九二一至二〇一六）創立。這個名字中的「イスキア」（Ischia）來自義大利的一個島嶼，以療癒身心聞名。佐藤女士希望這個地方能像義大利的Ischia島一樣，成為讓人身心放鬆並找回自我的地方。

有一次，她在料理講習會上，沒有準備自己的招牌料理——胡蘿蔔豆腐拌菜，心想：「反正經常做，就算了吧。」結果被一位學員說：「我就是為了吃胡蘿蔔豆腐拌菜才來的。」

對於初女女士而言，胡蘿蔔豆腐拌菜只是她平日常做的料理，但對學員來說，卻可能是一次「難能可貴的體驗」。初女女士為自己的偷懶深感自責，立刻為學員示範了這道料理。

生活中的大小事常常讓我們感到繁瑣與麻煩。然而，只有當病痛降臨時，我們才會真正意識到，能夠親手處理這些瑣事，其實是一種幸福。

例如，有一位女性在感染新冠病毒後，長期受到後遺症的影響，身體極度疲憊，無力處理任何家務。

她因此無法工作，整日待在家中。連早上起床倒垃圾這樣的小事都力不從心，更無法動手烹飪。

她只能依靠便當、即食食品和超市熟食來解決三餐，但也因此產生了更多的垃圾。隨著垃圾袋越堆越多，她才深切感受到，能夠完成日常雜事的日子是多麼值得感恩。

當我們認為某些事情「很麻煩」時，這種想法常常會讓我們的大腦更容易陷入負面思維。

當我們心中充滿「為什麼總是我做得最多」或「時間根本不夠用」這類不滿的想法時，負面情緒往往會不斷累積，最終讓我們對自己和他人都變得敷衍了事。

如果感到「麻煩」，不妨試著將注意力集中在眼前的事情上，一件一件地完成它們。

把每日的雜務視為今天生活的成果，感謝自己還有能力動起來去完成這些事情。

腦中浮現「麻煩」這個念頭時，試著將它拋開，轉而用心經營自己的生活，並真誠地對待他人。

眼前的「該做的事」，其實都是對你來說重要的事

設定一個寬鬆的目標：「七十歲左右能做到就好」

當被問及「你覺得人生中哪個階段最好？」時，許多步入高齡的人會回答：「四十歲或五十歲的時候，精力充沛。」

二十多歲和三十多歲時雖然年輕，但往往因迷茫而四處摸索。而四十歲以後，可能逐漸在家庭和工作中找到成就感。

此外，也有人說：「六十歲以後是自由的。」對於有子女的人來說，肩上的責任逐漸減輕；工作到達退休年齡後，時間和心境都變得寬裕起來。

我非常敬佩的日野原重明醫師曾說：「人生可以分成三個階段。」

第一階段，是受人養育與保護的時期。我們從父母和老師那裡得到指導與關愛，成長茁壯。

第二階段，指的是投入公司、家庭或社會活動的時期。

而第三階段，才是真正自由的時期。你可以用自己的財力和時間，按照自己的意願生活。

然而，日野原醫師提到：「當人們離開公司這艘大船，登上屬於自己的小艇時，才意識到，儘管曾在職場盡心盡力，卻從未為塑造獨一無二的自我留下足夠的空間。」（摘自《生命的品質》）

因此，他建議我們在退休前，就應開始準備如何拓展自由、豐富自我。

六十歲以後，是人生中最寶貴的自由時光。

此時，不再有人對你說「努力讀書」或「提升業績」。不用再為孩子的升學煩惱，可以按照自己的想法來規劃生活。

不過，這種自由對某些人來說可能會有些棘手，因為過去學校或公司總會提供明確的目標與任務。而自由，意味著需要靠自己思考、行動，就像一個人駕著小艇出海。

我有一位朋友，她的丈夫在退休後對她說：「請讓我實現一直以來的夢想。」他的願望是環遊日本。於是，他將輕型休旅車改裝成可以車中過夜的露營車，花了兩個月環遊九州，之後回家兼職工作。不久，他又啟程前往東北，遊玩了兩個月。

「他常常把旅途中拍的照片發到家庭群組，這樣挺好的，讓老公自己健健康康地出去玩，我反而更輕鬆。」妻子笑著說道。

在環遊日本的旅途中，這位丈夫不僅與許多人交流，還記錄自己的見聞。他偶爾會在農家寄宿幫忙，寄回一箱箱的蘋果和蔬菜。他的妻子笑著說：「聽了他的經歷，我都想自己去體驗看看了。」

這樣的故事讓我感到羨慕。那些學生時代才能實現的自由旅行，如今在高齡階段成為可能。此時，還有相對充裕的經濟支持，這更增添了一分樂趣。

越來越多的高齡者開始享受旅行的自由。我們也應該忘卻生活中的束縛，勇敢踏上自己的旅途。為此，不妨在四十、五十歲的壯年時期，提早計劃如何在未來的高齡階段，盡情享受這份自由與從容。

設立過於嚴格的目標，反而會讓生活變得拘束

別讓「不努力不行」成為折磨自己的枷鎖

我們已經很努力了，何不先從肯定這一點開始呢？

一位走過五十年人生的人，即使曾一度迷失方向，最終仍能調整回正軌，並維持基本的生活，這樣的自己是值得讚賞的。

我們對自己過於苛求，總認為自己應該能做得更多、更好。這種思維或許源於我們長期身處競爭社會，即便到了中年，仍難以擺脫這種根深蒂固的壓力感。

六十歲之後，人生迎來了自由的時代，意味著我們可以脫離競爭社會的束縛，開始屬於自己的生活。一位六十歲時加入俳句研究會的男性，因為無法在兩年內獲獎、取得更高成就而感到沮喪，最終選擇退出。或許他並非真正熱愛俳句創作，而更在意輸贏排名。這種執著於勝負的心態，實在是得不償失。

相較之下，另一位九十歲的長者自退休後開始寫俳句，如今已累積了三十年的創作經歷。他從未獲獎，卻怡然自得，如今成為當地活動中備受歡迎的明星人物。

有人認為「退休後才是真正的開始，我必須努力奮鬥」，但過度努力反而可能適得其反。日本人擅長努力，但往往不擅長休息，也不習慣放空自己。

當你擁有自由時，不必急於決定該做什麼。試著保持坦然的心，去尋找自己真正喜歡的事物。如果你認為「我沒有什麼特別想做的」，那就先走出家門散散步。一定能發現內心深處隱藏的熱情與興趣。

首先，學會讚美自己。能夠活過半個世紀，本身就是一種奇蹟。感謝自己此刻仍然存在，並試著想像，你希望成為怎樣的高齡者？

即使不再年輕，也請像向日葵一樣面向太陽。伸展雙手，仰望天空。向日葵內部充滿了種子，而你也擁有自己的「種子」。試著去發掘它們吧。

即便向日葵枯萎，也會留下種子。然而，現在還不是枯萎的時候，這正是你以自己方式享受生活的時代。無需執著於能為後人留下什麼，最重要的是先讓自己過得愉快。

重視自己的感受，比迎合他人的評價更重要

第5章

讓浮現於腦海的事物隨之流逝

重要的是，全心全意地活在每一個當下

你了解正念嗎？

正念（Mindfulness）可以說是佛教中的「禪修」。其根源來自印度哲學和瑜伽哲學，但在美國，正念從佛教的冥想中剔除了宗教色彩，進而發展成為一種心理療法。

正念的核心思想是「珍視當下的自己」。這是因為，人類常被過去或未來束縛，而忽略了當下的生命價值。

唯有接納當下生命的奇蹟，並釋放自己的潛能，我們才能從束縛中解脫，真正享受當下。

研究表明，冥想具有顯著的放鬆效果，這一點已被腦科學領域所證實。基於這些效益，冥想逐漸被應用於心理療法，並以「正念」的形式廣為人知。蘋果創始人之一的史蒂夫・賈伯斯也是最著名的冥想實踐者之一。他習慣打坐，從中獲得靈感與洞察。因此，正念不僅在心理療法中廣泛應用，也成為注重心靈覺察的商界人士熱衷的實踐方法，常與瑜伽一起被採用。

正念這個詞可以翻譯為「留心」、「覺察」、「注意」，原本源於佛教用語。從海外傳入日本的正念，形式上更接近療法，而非傳統的禪修。

現代人生活繁忙，電車上低頭看手機的人隨處可見。有一次，我注意到，除了自己以外，周圍所有人都在看手機，這讓我不禁深思。

回想學生時代，我們似乎更能享受片刻的寧靜。那時，我常站在電車出口，靜靜望著窗外，心裡想著：「啊，油菜花開了，春天來了。」不帶目的地發呆，只是純粹欣賞眼前的景色。這樣的狀態，其實非常接近正念的體驗。

然而，如今的社會卻把「發呆」視作浪費時間，總是高效處理資訊才是能力的體現。

即便只是漫不經心地滑手機，我們的大腦也在不停處理湧入的資訊，進行篩選與處理。而那些不使用手機的高齡者，則往往習慣整天開著電視，讓資訊源源不斷地灌入腦中。

這樣的生活模式使我們的大腦因為大量資訊而忙得喘不過氣，逐漸失去了冷靜思考的能力。

與此同時，我們似乎也逐漸失去了「釋放資訊」的能力，腦海中積累的雜念越來越多。

為了讓疲憊的大腦得到休息，有意識地進行正念練習是有效的辦法。

透過正念，我們能擺脫「心不在焉」的狀態，不再過度在意他人的評價，專注於與自己的真實感受對話。

正念對於心理健康管理也有積極作用，能幫助我們忘卻不愉快的情緒，找到內心的平靜。

看到的事物越多，心中的雜念也越容易滋生

隨流而去，不爲事物所拘，維持柔軟的心態

許多人將正念誤解為「無我」或「進入無的狀態」，因此常會說：「不管我怎麼練習，還是做不到無念。」

但進入「無」的狀態，可能只有經過長期修行的禪宗僧侶或瑜伽大師才能達到。對於我們普通人來說，即便坐下閉眼練習一兩次，也不可能讓頭腦完全空白。

正念的冥想方法源自佛教開山始祖釋迦牟尼的傳承。在日本，禪宗於鎌倉時代廣為流傳，如今鎌倉仍保有許多著名的寺廟，例如圓覺寺、建長寺

等，提供禪坐體驗。

冥想的方法隨著時光流轉，經由個人的創新不斷演變並傳承至今，因此並不存在所謂「完美的冥想方式」。

正念作為禪宗教義的一個分支，每個人都可以找到適合自己的練習方式。嘗試過正念的人會發現，大腦時常湧現出各種雜念。即使努力不去思考，還是會冒出：「明天的會議要準備什麼？」「晚餐應該吃什麼？」「啊，得趕快發封郵件給那個人。」這些接踵而來的瑣碎想法。

這沒什麼大不了的。

雜念浮現時，與其抓住不放，不如任其流動。

當你學會讓雜念隨之而去，頭腦會像逐漸澄清的水流一樣，變得清明。

雜念湧現時，或許你會忍不住拿起手機查資料，但這時請把手機放下，相信自己的頭腦，專注於冥想。你腦海中埋藏的真正重要的事物，可能正等待你靜心時浮現。這是一個練習的過程，雖然不容易，但只要多試幾次，你會感受到思緒便得澄澈。

負面情緒若不加以覺察，便很難自然消散

讓心回歸本來的樣貌，專注於當下應完成的事情

我們時常沉迷於過去，憂慮未來。

雖然大家都明白「該把不愉快的事拋諸腦後」，但實行起來卻不容易。即便知道擔憂未來沒有意義，內心還是會因不安而糾結。

地球的歷史無比漫長，而我們人類的生命，長則百年。在這有限的時光裡，我們或許已經走過了一半。沒有人知道未來還有多少歲月，唯一能做的，就是全力過好當下。

像孩子一樣，結束一天時能開心地說：「今天過得真開心。」這便是前

行的動力。

將寶貴的當下浪費在後悔和憤怒中，對生命而言無疑是一種遺憾。正念的練習，正是為了讓我們感知到這一點。

曾有一位罹患重病的建築師，年過五十，事業有成，孩子也已進入大學，本以為能夠迎來人生的新階段，卻在此時罹患重病。

他不得不離開工作崗位住院療養，謝絕朋友或同事的探望，陷入憂鬱。他的妻子雖然努力安慰他，告訴他「一定會好起來」，卻只換來丈夫一句「這誰知道呢」，情緒變得更為低落。

某天，妻子得知附近的寺廟舉辦禪坐活動，她直覺這或許是一個契機。雖然夫妻倆並無宗教信仰，但她認為，面對生死課題，或許需要某種心靈的寄託。丈夫並不是信神之人，但禪坐或許能有所幫助。

起初，丈夫不太情願，但在妻子的鼓勵下，他開始每週六參加禪坐活動，漸漸地，他的狀態發生了變化。

當妻子詢問丈夫禪坐的感受時，丈夫平靜地回答：「煩惱也改變不了什麼，人生總會按照它該有的方式進行。」他意識到，無法掌控自己能活多久，但能確定的是此刻自己還活著，應該接受這一切，好好度過每一天。

隨後，他對茶道產生了興趣。雖然健康狀況不允許他再承接大型專案，但他仍以愉快的心情設計小型茶室和別墅，享受著這樣的創作過程。

我們的生活被情緒的浪潮所包圍，喜悅、悲傷、悔恨、不安皆如波濤，當波浪過於洶湧時，甚至可能將我們吞沒。正念的力量，便是幫助我們安撫這些情緒的漩渦，讓心靈找到片刻的平靜。

空海曾在《大日經開題》中說：「始有終亦有，此乃世之常理，生者必滅，是人之定則。」意思是，凡生者必然會走向死亡，這是理所當然的道理，也是對人類驕傲自大的警示。

在我們已走過半生、越來越接近生命終點的此時，更應珍惜「此刻」的價值，努力活在當下。

把握眼前，專注當下，盡力完成此時此地能做的每一件事

剝除層層疊疊的執著，回歸純粹

禪宗中有一句話：「放下著」，讀作「ほうげじゃく」。「放下」的意思是捨棄、放手，而「著」是一個命令助詞。

這句話出自《五家正宗讚》的趙州和尚篇章。

有位修行僧向和尚炫耀自己通過修行達到了「無一物」的境界，什麼都不執著。和尚卻斥責道：「放下著！」

和尚指出，這位修行僧依然執著於「無一物」的狀態。悟道的境界，或許正是超越「無」本身。

瀨戶內寂聽曾說過：「當人認為自己得到了永恆的愛、和平，或衣食住的享樂時，便開始害怕失去，從而陷入痛苦。人類無法擺脫執著的心。」我們一旦擁有了某樣東西，就很難再捨棄它。這種難以割捨的執著，往往是痛苦和衝突的根源。

有一位女性，因多次減肥失敗而備感挫折，後來通過正念找到了方法。她提到，當她閒暇無事時，總會忍不住找點東西來吃。有人建議她：「當妳想吃東西時，試著深呼吸，進行幾分鐘正念練習，哪怕只有五到十分鐘。」她開始嘗試深呼吸，專注於正念，這讓她暫時抑制了進食的衝動。

她成功減重的關鍵，不僅在於正念幫助她忍住了進食的慾望。更重要的是，她逐漸學會放下對甜食的執著。她意識到，自己對甜食的渴望背後，隱藏著對自我和生活的一些執念。

她時常感覺內心缺少某些東西，總是覺得不夠完整，壓力大得讓她忍不住靠甜食來紓解。

「我工作這麼辛苦，吃點東西放鬆一下應該沒什麼大不了吧。」她曾這樣安慰自己。

正念練習讓她開始看清自己的壓力來源和生活習慣，並意識到內心深處的那份空虛感。

她也開始思考，除了依賴食物，或許還有其他方式可以填補這份空虛。

原本短短十分鐘的正念，慢慢延長到了三十分鐘，甚至一個小時。

她發現，自己的身體並不渴望巧克力或洋芋片，而是需要更多的蔬菜和營養均衡的食物。

意識到這一點後，她開始認真調整自己的飲食習慣。

雖然她仍在努力克服自身的問題，不過正念確實幫助她放下了對甜食的執著。

放下執著並不容易，但如果我們能夠覺察到自己的執著，進而明白自己真正渴望的是什麼、希望成為怎樣的人，或許就能找到解脫的契機。正念，便是通往這段旅程的有效方法。

試著以「這是否真的需要？」的角度重新檢視生活

心浮氣躁，難以平靜時，從「呼吸」開始

接下來，我將介紹基本的正念冥想方法。

首先，找個舒適的姿勢坐下。可以嘗試打坐，但如果覺得盤腿會讓身體感到僵硬或不適，也可以用更輕鬆的方式，比如隨意盤腿或跪坐。膝蓋有問題的人則適合坐在椅子上，這樣會更加舒適。

① 坐下後放鬆身體。

② 雙手可以放在膝蓋上，也可以交疊在腿上，找到不會讓自己感到疲勞

的位置即可。

③雙眼可選擇閉上或微微睜開，但對初學者來說，閉眼可能更容易進入狀態。

④放鬆肩膀，緩慢而專注地呼吸。

這裡的呼吸是關鍵。當你專注於緩慢地吸氣與吐氣時，雜念會暫時停止浮現。

專注於吸氣和吐氣，一開始能做到完整的十次呼吸就已經很好了。很快地，大腦會開始被雜念所占據，例如與工作或人際關係相關的事情，甚至引發憤怒、不安、擔憂等情緒。對於這些雜念，不需要糾纏，讓它們像流水一樣自然流過。

冥想時，有時可能會突然想起一些被遺忘的事情，或是冒出新的點子或詞句。如果你不想讓這些念頭溜走，可以準備一本小筆記本將它們記錄下來。我建議進行正念練習時隨身帶著筆記本。將這些念頭寫下後，大腦就能安心地繼續進入下一個思緒，讓你更專注於冥想的過程。

你也可以設定一個定時器來掌握時間。建議初學者從十分鐘開始。很多初學者可能會發現自己難以堅持這十分鐘，頻繁查看定時器。

最重要的是，首先堅持坐到定時器響起為止。隨著習慣的養成，有些人可能會覺得十分鐘太短，進而選擇延長練習時間。根據當下的時間安排和身體狀態來決定練習時長即可。

有人可能會問：「什麼時候練習正念最好？」

其實，任何你感到適合的時候都可以。例如，有些人在早晨起床後靜坐，有些人則喜歡在晚上點燃蠟燭後進行冥想；也有人在工作中感到壓力升高時，利用午休時間，在公園或會議室找個安靜的地方靜坐片刻，都是不錯的選擇。

正念的核心是自由，找到最適合自己的練習方法並持續下去，才是關鍵。

想要重置心情，請先付諸行動，心靈的調整會隨之而來

不急不慌，一切都會好起來

練習正念時，如果腦海充滿雜念，可以試著這樣想像：

在山巔有一棵粗壯的大樹，你就是這棵樹。

感受陽光灑在身上的溫暖，身體如樹幹一般向天伸展。

這樣的視覺化練習可以暫時讓你的大腦脫離那些煩人的雜念。

也可以想像自己是一隻鳥，在天空翱翔，與自己想像的那棵樹「打聲招呼」，進一步與這個場景連結。

對運動員來說，意象訓練非十分重要。

有一位滑雪運動員會在心中模擬，自己感受著賽道的起伏與轉彎，順利滑過的情景。

他會想像自己迎著風快速滑行，輕鬆通過難點。即使那條賽道是他曾多次失敗的挑戰，他仍會拋開那些記憶，專注於成功克服的畫面。

人類一旦認為「啊，我會失敗」，通常就真的會失敗。即使感覺無法做到，也要相信自己能克服，這樣的想像是關鍵。

有人分享說，當他想像自己成為一棵喜歡的樹時，正念練習變得更加容易。他甚至能回憶起觸碰樹皮時的粗糙質感和樹木傳遞的溫暖。

無論是想像自己成為一棵樹，還是化身為一隻自由翱翔的鳥，關鍵在於感受那份大自然的自在與愜意。

試著對自己說：「我可以做到，我能克服一切。」這樣的想像能帶來力量，幫助我們忘卻不幸與失敗，獲得振作的能量。

對不是運動員的我們來說，意象訓練同樣有效。試著在正念練習中，想像自己處於最佳狀態。

沒有跨不過的試煉，逆境讓人生更加豐富多彩

意識聚焦在下腹部，緩慢地吐氣與吸氣

有些人性格急躁，即使在練習正念時，也總是不斷看時間，無法安靜地坐著。

對於這樣的人，不需要過於拘泥於正確的呼吸法，首先只要坐下來即可。然後，大大地嘆一口氣，放鬆肩膀的力量。將雙手疊放在肚臍下方約三到四指寬的位置，也就是「丹田」，接著開始呼吸。緩緩地從丹田吐氣，然後將吸入的氣息直接引導至丹田。

導致煩躁的原因可能有很多，但嘗試這種將注意力放在丹田上的呼吸

法，可以暫時平復內心的起伏。

據說，有一位飯店的禮賓人員也曾運用這種方式，有效地緩解了自身的煩躁情緒。

再優秀的禮賓人員，也難免遇到刁難或提出不合理要求的客人，讓他們感到焦躁。這位禮賓人員說，雖然不至於生氣，但有時會感到不知所措。

這種情況下，他會走到內部的椅子上坐下，將注意力放在丹田上進行呼吸，並在心中告訴自己「一切都會有解決的辦法」。調整好狀態後，他會以微笑的表情重新投入工作。

情緒是會表現在臉上的。即使努力隱藏，對方還是能感受到你的憤怒或煩躁。

因此，要避免讓情緒影響對方，就必須先讓自己恢復平常心。而這種坐下來呼吸，並告訴自己「人生總會有辦法」，是快速忘掉煩躁的有效方法。

若情緒隨意流露，便容易在關係中引發摩擦

此時此刻，你能專注的，只有一件事

曾有位住院患者非常喜歡編織。只要身體狀況允許，她就會動手編些東西。「編織可以讓我心情平靜」，她這樣說道。

喜歡手工藝的人，往往給人一種溫和的印象。這或許是因為，他們在專注於眼前的一件事情時，容易在無意中進入正念的狀態。

大腦一次只能專注於一件事。

例如，當你一邊聽廣播一邊專注於編織時，大腦就已經全力運作，無暇多想其他事情。這種專注的狀態，有助於防止陷入對未來的不安中。

而且，手工勞作的成果近在眼前，還能帶來實實在在的成就感。

我想起一位數學老師，他的興趣是雕刻佛像。在他的研究室裡，經常可以看到他雕刻手掌大小的佛像。他說，回家後會雕刻更大一點的佛像。現在回想起來，他可能是在通過雕刻來紓解教職工作的壓力。透過手工藝，他獲得了一段找回自我的時間。

當我建議他人嘗試手工藝時，常聽到有人說：「我手很笨，做不到」、「我不擅長耐心做一件事情」。

但其實，手工藝的範疇非常廣泛。有些人喜歡摺紙，有些人愛組裝模型，還有人熱衷於繪畫，甚至有人能做出專業水準的鎌倉雕。

最近我深深覺得，手工藝是忘卻煩惱、全心投入的最佳選擇之一。

據說，手工藝還能降低罹患失智症的風險。不妨試著找到自己喜愛的手工藝吧。

此時此刻，你是否用心面對當下的每一瞬間？

清理佔滿內心的多餘情緒與壓力

有時候我們會覺得莫名疲倦。儘管食慾正常，睡眠也沒問題，但身體的疲勞始終無法消除。

有一位女性正是如此。她的更年期症狀已經結束，本以為自己的狀態會恢復，但每天依然感到疲憊不堪。她進行了各種檢查，卻沒有發現任何健康問題。為了緩解疲憊，她開始嘗試按摩。

按摩的確能讓身體感到放鬆，但效果通常維持不到一天。

後來，有朋友邀請她參加瑜伽課程。她一開始拒絕，因為她不喜歡運動。但朋友解釋說：「這堂課幾乎不需要什麼動作，有一半的時間是正念練習，最後只要躺下放鬆就好。」於是她決定參加看看。

她第一次嘗試正念練習時，腦海裡充滿了各種雜念。進行一些簡單的身體活動後，課程進入「大休息式」——平躺在地上，手腳伸展放鬆並閉上眼睛。她說，那時竟然不小心睡著了，最後被自己的鼾聲驚醒，十分尷尬。

之後，她開始參加正念結合瑜伽的課程，並在過程中有了一些新的體悟。她意識到，自己是一個完美主義者，總是喜歡未雨綢繆，提前考慮所有細節。

她的雜念主要集中在「這件事該怎麼做」、「接下來應該怎麼處理」等一系列與未來相關的思考。

她並非執著於過去的人，但對於未來，總有一種不容許失敗的使命感。這種性格可能正是她感到疲憊的根源。

她的疲憊並非源於身體，而是來自大腦的過度運轉。

她提到：「現在回想起來，連按摩時我都無法真正放鬆，反而在思考按摩結束後該做的事情。」

她真正需要的，是一種能夠幫助她徹底放鬆的方式。

正念練習有助於讓人察覺自己的狀態。

在忙碌的日常生活中，我們經常被工作、家務、育兒甚至照顧長輩等事務壓得喘不過氣。

對於許多人而言，正念似乎成為了一種奢侈。我們總是被時間追趕，常常感到「心神不寧」、「情緒緊繃」、「容易焦慮和不安」。

然而，正是這樣的人，才更需要透過正念練習，讓自己的內心從過去的失敗或對未來的憂慮中回到當下。

試著養成「停下來深呼吸」的習慣，這能幫助我們覺察到，究竟是什麼樣的想法或情緒正在讓自己受苦。

不斷探索、逐漸找到屬於自己的「適度」很重要

記住已經擁有的幸福

這本書旨在幫助我們忘記消極的情緒與過去的傷痛，但同時也提醒我們，有些事物不應被遺忘，那就是「幸福的感覺」。

提到「幸福的感覺」，許多人會聯想到某些人生的大事件，例如工作上的成功，或孩子的出生。但其實，幸福往往藏在更細微的事物中。

比如，某一天抬頭發現天空格外蔚藍；每年春天看到公園的櫻花綻放；第一次聽到孩子叫「媽媽」；陽光灑在身上的溫暖；海邊潮汐的聲音；以及因閱讀一本書而感動的那一刻。在人生旅程中，我們早已經累積了無數這樣的幸福瞬間。

你是否隨著年齡增長，逐漸忘記那些幸福的感受？是否讓自己的感受力變得鈍化了？

別把心靈枯萎的責任
推給他人，
是你自己忘了為它澆水。

這是茨木則子的詩作〈至少守住自己的感受〉的開篇句。

能夠滋養內心的，只有我們自己。

但我們卻常常將責任歸咎於他人或時代，讓自己陷入煩躁。明明心中有著幸福，卻完全遺忘了。

坐下來，閉上眼，想一想：什麼時候讓你感到幸福？

詩的結尾寫道：

感受力這種東西，
至少要自己守護啊，
笨蛋！

為了不成為笨蛋，請將內心的幸福牢牢留住。這些幸福感將成為你心靈的養分，支撐你繼續前行。

正念強調珍惜「此時此刻」，而那些包裹著當下的溫暖，正是我們的幸福回憶。希望你能時常喚起這些回憶，並以此作為找回真實自我的鑰匙。

真正的幸福，是能從些許事物中感受到滿足的人

感謝與他人之間的緣分與支持

正念（或冥想）不僅是為了提升自己，也能讓我們更加關注他人。所謂「關注」，即用心去體察與留意，例如當我們說「路上小心」時，這句話實際上包含了對對方平安無事的祝福。

正念的另一個效用是幫助我們找回日常中容易被忽略的感恩之心。

日本有一種名為「內觀療法」的心理治療方法。

參與者在安靜、狹小的環境中獨自坐著，回顧生命中與父母或親密關係的互動，分別思考：

①他們為我做過什麼？

②我為他們做過什麼？

③我給他們帶來了哪些困擾？

透過這種方式，參與者得以反思自己的行為與價值，並在向治療者分享感受的過程中逐步脫離自我中心的認知，找到新的視角。

正念與認知療法的結合，或許讓人感覺這只是種形式上的搭配，但其真正意義在於：當你深入探索自我時，會發現自己對他人的愛與感恩之心。

有一位曾在大型醫院任職的男性護理長，因與醫院理念不合而辭職。他是一個充滿正義感的人，不滿醫院過於注重效率的經營方針，也無法認同年輕護理師那種冷漠的態度。

辭職後，他的腦海裡滿是對醫院和前同事的不滿與批評。他從高中畢業後便全心投入護理工作，卻在這一刻感到自己的人生變得無比空虛。他覺得自己所有的努力都未被認可，這讓他深感痛苦。

開始進行正念練習後不久，他在一次冥想中無法抑制地流下了眼淚。平日裡，他的腦海總是充滿煩躁與雜念，但那一次，他突然想起了年輕時愉快的工作時光。

患者的感謝之詞，還有那些即使沒能挽回生命的病人家屬給予他的溫暖話語——這些記憶讓他逐漸意識到，自己的人生並不算糟糕。他還想到，即使在醫院體制變革的壓力下，曾經的同事們也在努力工作。

「仔細回想起來，我只有感激的心情，」他說。「我原以為自己是努力支撐一切的人，但實際上，是大家成就了我，讓我得以走到今天。」

從那以後，他開始為現任醫院的員工祈禱，祈願他們一切順利。他說：「我現在只能做到這些，但至少，我心中已經沒有怨恨了。」

我常常告訴人們，要珍惜自己的核心價值，不必在意他人的目光，活出屬於自己的生命。然而，人類無法獨自生存。

從父母到身邊的朋友，我們都曾接受過他人的幫助。如果範圍再擴大，我們的生活離不開每天搭乘的公共交通系統的相關人員，供應我們花粉症藥物的醫院，或是下班後路過的書店和餐館的工作人員。更進一步說，沒有空氣、水和陽光，我們也無法生存。

專注於冥想或瑜伽的人，當中有許多人談及宇宙的存在。隨著他們的修行深入，他們的注意力開始轉向這個由一切生物構成的世界，對他人及整個世界的關注也隨之增強。

也許，祈禱正是從這樣的覺察中誕生的。

能夠被賦予的一切，都是值得感謝的，切勿將其視為理所當然

「怎麼辦，怎麼辦……」當這樣的念頭出現時，不妨試著慢慢走一走

有些人在練習正念（冥想）時，反而會想起許多不愉快的事情，無法讓雜念流走，困在這些念頭中。

也有些人不習慣靜坐，總是渾身不自在，覺得需要動起來，無法進入冥想的狀態。

對於這類人，我推薦一種結合身體運動的正念方式。

許多人都有運動後身心舒暢的經歷。運動帶來的不僅是出汗後的身體放鬆，還能讓大腦變得舒暢。

我們的大腦一次只能專注於一件事，比如追隨網球的運動軌跡時，大腦就無法容納其他雜念。當大腦全神貫注於一件事時，其他思緒將被自然屏蔽。

即使身體感到疲憊，但心情依然愉快，這是因為煩惱和憂慮在專注的過程中被拋諸腦後，大腦因此感到清爽和放鬆。

如果不習慣靜坐，可以嘗試結合步行的正念練習。

雖然步行不像激烈運動那樣能讓人進入「無」的狀態，但因為走路是動態的行為，雜念更容易被自然帶走。許多著名人物，如愛因斯坦和貝多芬，都曾在散步中獲得靈感。

根據美國史丹佛大學的一項健康科學研究，步行有助於提升創造力。與待在室內思考的人相比，外出散步的人在創造性表現上有更好的結果。

運動能增加流向大腦的血液量，進而促進大腦的運作，提升認知能力與創造力。

從大腦一次只能專注於一件事的特性來看，如果久坐不動，血液循環會變差，人往往會被某個念頭或情緒束縛住，無法釋放。而透過運動，不僅能改善血流，還能啟動大腦的創造性功能，幫助我們以更客觀的視角看待問題。

有一位曾經歷痛苦經驗的女性，無法獨自在家靜坐冥想，因此有人建議她試試步行。

剛開始時，她仍會在步行中想起過去的悲傷回憶，甚至一度情緒崩潰，蹲在路邊無法繼續。

然而，隨著她堅持下去，逐漸能在步行中進入一種無心狀態。她說：「我試著多走一會兒，當身體變得溫熱起來，就不再想那麼多雜念了。」

在步行時，她會像念經一樣默念：「我會好起來，我沒問題。」這些話語給了她支持與力量，幫助她慢慢走出低谷。

在步行中默念一些適合自己的話語，也可以幫助你進入正念的狀態。如果靜坐不適合你，可以試著將動態活動融入正念練習，找到最適合自己的方式。

不急、不慌、不跑，放慢腳步，用心專注，細細體會

放下勉強，找到適合自己的節奏

有些患者會說：「我要努力練習正念。」但其實，正念並不需要太過努力。即使你計劃每天睡前花十分鐘進行正念練習，偶爾因為太累睡著了，或者喝醉後直接入睡，也無妨。只要能好好睡覺，就已經很好了。

正念並沒有固定的規範。或許你只在週日家人外出時進行，或是坐在公園的長椅上嘗試，也完全可以。越是認真的人越追求完美，但正念講究的是自由，且隨時隨地都能實踐。

例如，在通勤的電車上試著不看手機，專注於呼吸和冥想；或者在做飯時開著音樂，一邊跳舞一邊烹飪，忘記家務的煩人之處，盡情享受製作美食的過程。

無論是跳草裙舞、學茶道、插花、聽洗衣機運轉的聲音，重點在於專注於「當下的自己」。正念的意義，就是享受當下，活在此刻。

有位朋友的父親，每當天氣晴朗時，都會到院子裡做廣播體操。她說，讀高中時，覺得父親做體操很丟臉，甚至不想看見他做體操的樣子。這位父親如今已九十三歲，仍堅持每天做廣播體操。她感慨：「廣播體操可能就是父親的正念方式。」

下雨或天氣寒冷時，父親會選擇睡回籠覺，因為他只在陽光明媚的日子做體操。這種隨心所欲的方式，也許正是他長壽的秘訣。

研究表明，清晨曬太陽可以促進大腦分泌血清素，這種物質與憂鬱症密切相關。適量的陽光照射能提升血清素水平，讓你在一天中更能抵抗壓力。

雖然父親的體操方式是「自創」，但從科學上看，其實也很合理。

每個人都可以找到適合自己的健康方式，正念也是如此。請以你覺得舒服的方式開始練習。

事物本無絕對的好壞，一切取決於你的看法

不要忘記那顆願意爲他人付出的心

你是否曾經祈禱過？無論是希望孩子考試順利通過，期盼家人的病情好轉，還是在新年參拜時默念「希望家人能健康平安」，這些祈禱常常能讓我們的心情變得輕鬆，甚至感到一種安慰的力量。有時候，當我們祈求「請幫助我度過這個困難」時，也會因此稍微釋放壓力。

曾擔任東京工業大學教授的關英男先生說：「當我們尋求依靠並祈求幫助時，大腦往往處於緊張狀態，但『祈禱』這一行為能幫助我們不自覺地回歸平靜。」

這或許是因為祈禱能緩解大腦與身體的壓力，讓我們感到心靈上的輕盈。

以下是關於祈禱效用的另一項研究介紹。

美國進行了一項名為「祈禱的遠程效果（二〇〇〇年統合分析）」的研究，將患有相同症狀的患者分為兩組。一組的患者由來自不同宗教背景的人為其祈禱，祈禱內容為「願其康復」。另一組的患者則未接受任何祈禱干預。

結果顯示，在二十三項研究中，有十三項（約百分之五十七）顯示祈禱對患者的恢復產生了正面影響。

也就是說，有人提出假設，患者的康復可能受到他人祈禱的影響。另外九項研究顯示祈禱未產生明顯效果（未能加速康復），而有一項研究觀察到負面影響。

病情好轉可能更多歸因於醫院的治療效果，但這些發現啟示我們，即便祈禱的效果微乎其微，如同沙粒般細小，為患病的親友誠心祈禱，仍比消極地認為「沒用」更加有意義。

是否存在「為他人祈禱具有遠程效果」的事實暫且不論，但已知的是，祈禱對祈禱者自身能帶來積極的影響。

特別是當祈禱的內容具有利他性質時，例如「願家人的病情好轉」、「願世界和平」、「願戰爭結束」，這類祈禱往往能帶來內心的平靜與安詳。

前文已經提到，這種內心的平靜可能是因為祈禱能緩解大腦的緊張。此外，研究還表明，正向的祈禱能促進催產素的分泌。

催產素是由腦下垂體分泌的一種激素，稱為「愛情荷爾蒙」，特別是在女性分娩後大量分泌。

它的作用包括：

①增強親近感和信任感。

②減少壓力並帶來幸福感。

③提高免疫力。

祈禱能帶來的舒適感，可能是催產素發揮作用的結果。當我們面臨痛苦時，不妨嘗試為「全世界的受苦者」祈禱。此時，催產素能幫助我們放鬆心情，緩解壓力，逐漸恢復面對現實的勇氣。

放下「只顧自己」的心態，為他人祈願，
這份利他心將化作通往幸福的捷徑

重視自己的幸福，也珍視他人的幸福

佛教的核心是「慈悲」精神，包含對所有生命幸福的祈願：「願一切眾生皆得安樂。」

此外，佛教修行中有一種名為「慈悲冥想」的練習，其目的是培養慈悲心。在我舉辦的工作坊中，曾進行過簡化版的慈悲冥想，因為效果非常好，在此與大家分享。

練習方法如下：

首先，像進行正念冥想一樣，輕鬆地坐下。

然後一邊呼吸，一邊進行以下祈願。

①願我幸福安樂（吐氣，重複三次，以下同）

願我健康平安（願我能保持健康）

②願○○幸福安樂

願○○健康平安

※「○○」可填入對你來說重要的人的名字。

③願（癌症患者）皆得幸福安樂

願（癌症患者）皆得健康平安

※「（）」可填入你想為其祈禱的對象。

④願一切眾生幸福安樂
　願一切眾生健康平安

完成這個練習後，參加者的表情變得更加柔和，可能是因為體內分泌了催產素（Oxytocin），讓人能以平和的心態與他人互動。

許多人表示，睡前進行「慈悲冥想」能顯著提升睡眠品質，這或許是因為慈悲冥想與正念冥想一樣，具有放鬆身心的效果。

即使無法實踐，心中常懷此意便已足夠

結語 不再將自己放在次要的位置

我們一生都被教育要「記住」——記住語言，記住學校的課業，記住工作的技巧。在這樣的邏輯下，記憶力強的人被認為是能幹的，知識豐富的人被視為了不起。然而，進入人生後半段後，我們逐漸變得健忘，這讓人感到不安。其實，之所以對遺忘如此恐懼，正是因為我們仍被「記住一切」的使命束縛著。

但其實，有許多事情是可以忘記的。試問，你希望用人生的剩餘時間，沉浸在怨恨、低落、嫉妒或悔恨中度過嗎？應該是快快忘掉那些不必要的煩惱，即使家人或他人感到無語，也能一笑置之：「那些過去的事，我早就忘了！」如此輕鬆自在地活著，才是我們真正追求的生活。

坦白說，從六十歲（還曆）開始，才是人真正獲得自由的時候。

孔子曾說過一段廣為人知的話：「吾十有五而志於學，三十而立，四十而不惑，五十而知天命，六十而耳順，七十而從心所欲，不逾矩。」

或許有人會認為這樣的教誨已不適用於現代，但我認為，年齡帶來的自由境界是真實的。六十歲時能更容易聆聽他人的聲音，可能是因為我們逐漸放下了「以自我為中心」的執著。

老實說，到了六十歲，我們可能已經無法成為超級明星，也不太可能大富大貴。我們需要接受現在的自己，並以這樣的狀態繼續生活。放下執念，或許還能再次踏上尋找天命的旅程。

所謂「尋找自我」並非僅限於年輕人。恰恰因為此刻我們能拋下許多束縛，才更適合展開這樣的旅程。

如前所述，我們並非孤獨地活著。感謝這個世界賜予我們生命，也感謝讓我們得以與自己相遇的奇蹟。同時，我們也應感謝那些曾經與我們相遇、影響我們的人。

或許，祈禱的本質就是感謝。

詩人長田弘曾寫過一首關於祈禱的詩：

佇立

祈禱，是人類獨有的能力。

祈禱，是自我深刻的詢問。

詢問，是緊握言語。

然後，向著虛空，
向著無限的中心，佇立。
像大森林中的一棵樹，
像矗立的塔，
像直指蒼穹的菩薩手指，
在清晨透明而遼闊的淡青天空下。
如同太陽的紅光，
逐漸滲透，慢慢擴散，
新的一天開始了。
願這個世界能溫柔地愛著
此刻佇立的我們。

有些人因為被情緒緊緊束縛而佇立不前。當一切束手無策時，祈禱可能是唯一的選擇。

在悲傷、憤怒、怨恨或嫉妒的漩渦中，人們會祈禱：希望自己能忘掉這些，重新向前邁進。

忘卻，其實也是一種生存的力量。即便此刻艱難，未來仍有無數美好的事物在等待你。

我衷心祈願，你能以更加真實的方式，去迎接接下來的生命旅程。

保坂隆

高寶書版集團
gobooks.com.tw

NW 302
接下來，只記得快樂的事：讓心靈重獲自由的 5 個內在練習，活出理想的第二人生
精神科医が教える 60 歳からの人生を楽しむ忘れる力

作　　者　保坂隆
譯　　者　高秋雅
主　　編　吳珮旻
編　　輯　鄭淇丰
封面設計　鄭佳容
內頁排版　賴姵均
企　　劃　陳玟璇
版　　權　劉昱昕

發 行 人　朱凱蕾
出　　版　英屬維京群島商高寶國際有限公司台灣分公司
　　　　　Global Group Holdings, Ltd.
地　　址　台北市內湖區洲子街 88 號 3 樓
網　　址　gobooks.com.tw
電　　話　(02) 27992788
電　　郵　readers@gobooks.com.tw（讀者服務部）
傳　　真　出版部 (02) 27990909　行銷部 (02) 27993088
郵政劃撥　19394552
戶　　名　英屬維京群島商高寶國際有限公司台灣分公司
發　　行　英屬維京群島商高寶國際有限公司台灣分公司
法律顧問　永然聯合法律事務所
初版日期　2025 年 04 月

國家圖書館出版品預行編目 (CIP) 資料

接下來，只記得快樂的事：讓心靈重獲自由的 5 個內在練習，活出理想的第二人生 / 保坂隆著；高秋雅譯 . -- 初版 . -- 臺北市：英屬維京群島商高寶國際有限公司臺灣分公司，2025.04
面；　公分 . --

譯自：精神科医が教える 60 歳からの人生を楽しむ忘れる力

ISBN 978-626-402-225-5(平裝)

1.CST: 老年　2.CST: 記憶　3.CST: 自我實現
4.CST: 生活指導

544.8　　14003376